跟着Q宝游故宫

玩得懂记得住的亲子畅游全攻略

霍英杰 著 喻颖 绘

人民邮电出版社

北京

图书在版编目（CIP）数据

跟着Q宝游故宫 : 玩得懂记得住的亲子畅游全攻略 /
霍英杰著 ; 喻颖绘. -- 北京 : 人民邮电出版社,
2023.8
ISBN 978-7-115-61966-2

Ⅰ. ①跟… Ⅱ. ①霍… ②喻… Ⅲ. ①故宫－北京－
通俗读物 Ⅳ. ①K928.74-49

中国国家版本馆CIP数据核字(2023)第120848号

内 容 提 要

故宫怎么逛？景点怎么看？知识怎么记？孩子一看就懂的故宫研学手绘全攻略，变身"故宫小专家"一本就够！

这里不仅有更适合故宫亲子游的经典路线及特色玩法，还有清晰直观的景点知识思维导图，让孩子玩得过瘾，看得明白，记得深刻！

出发前需要储备哪些知识？故宫经典一日游怎么参观？还有哪些值得一去的深度游"打卡点"？它们背后又有哪些有趣的历史知识……快跟着思维导图"小达人"Q宝和故宫小灵兽钱小龙，带上爱思考的大脑，和故宫来一场近距离的"约会"吧！这一次，绝对让你不虚此行！

◆ 著　　　　霍英杰
　 绘　　　　喻颖
　 责任编辑　朱伊哲
　 责任印制　周昇亮
◆ 人民邮电出版社出版发行　　北京市丰台区成寿寺路 11 号
　 邮编　100164　电子邮件　315@ptpress.com.cn
　 网址　https://www.ptpress.com.cn
　 天津市豪迈印务有限公司印刷
◆ 开本：700×1000　1/16
　 印张：10　　　　　　　　　2023 年 8 月第 1 版
　 字数：110 千字　　　　　　2023 年 8 月天津第 1 次印刷

定价：59.80 元
读者服务热线：**(010)81055296**　印装质量热线：**(010)81055316**
反盗版热线：**(010)81055315**
广告经营许可证：京东市监广登字 20170147 号

一份特殊的礼物

我是一个思维导图老师，也是一个爱带孩子旅游的妈妈。聪明的你一定猜到了，我的儿子就是这本书里和钱小龙一起带你们游故宫的Q宝。

在Q宝几个月大的时候，我就给他做了一面"Q导"小旗，每次去旅行时都带着，就是你们在书中看到的样子。

作为妈妈，我希望每一次的旅行，都能让孩子在快乐的游玩中学到丰富的知识，锻炼思考能力。作为老师，我一直在教的思维导图，不仅可以帮助孩子快速了解知识重点，还能有效拓展思考，特别适合作为孩子在旅行中的辅助工具。

于是，我专门写了这本书。首先，她是我送给Q宝的礼物，希望他能记住自己美好的童年，能记得自己举着"Q导"小旗开心旅游的日子。我也想把这本书送给600多岁的紫禁城，希望更多的孩子能有机会通过她认识故宫，爱上历史。

最后，我更想把这本书送给全国的小朋友们，希望你们都可以像Q宝一样，有一天能带着爸爸妈妈来北京故宫打卡，开心游玩，快乐学习！

小学生 Q宝

今年8岁，爱好旅游，喜欢举着一面"Q导"小旗到处"打卡"。他的妈妈是资深思维导图老师，在妈妈的影响下，从小就喜欢思考，善用思维导图整理知识。

故宫里的小灵兽 钱小龙

Q宝在故宫里交到的好朋友，是一个小龙人。作为故宫里的小灵兽，他已经在故宫住了600多年，对故宫相关知识了如指掌。由于他的腰上一直拴着一串铜钱，所以Q宝就叫他钱小龙。

这里就是我的家，我可以带你们逛故宫、听故事、学知识。

目录

故宫 是什么？

故宫是明清两代的皇宫，也是世界上现存规模最大、保存最完整的古代建筑群，可以说是我国古代宫廷建筑的精华所在。

它建成于明永乐十八年（1420 年），距今已有 600 多年的历史啦！当它还是皇宫时，它可不叫故宫，而叫紫禁城。

明清两代

皇宫

分"外朝"和"内廷"

古代建筑群

故宫

又叫紫禁城

北京市中心

9370 间房屋

占地 72 万平方米

故宫不是紫色的，为什么又叫紫禁城呀？

嘿嘿！紫禁城的"紫"不是紫色的意思，这个名字其实和我国古代的传说有关！

紫 宇宙中，有一团很特别的星星——紫微垣（yuán）。古人认为紫微垣在星群的中央，其他星星都围着它转。传说，紫微垣中居住着天帝，而皇帝认为自己是天帝的儿子，所以自称天子。皇帝居住的地方也用一个"紫"字来称呼，以显示其尊贵。

禁 皇宫是一座守卫森严的城堡。以前，平民百姓是不可以随便进入皇宫的，皇宫里的人也不可以随便外出，因此，皇宫也叫"禁宫"。

城 皇宫有城墙环绕，东西南北的城墙都有城门，所以"城"就是指"宫城"。

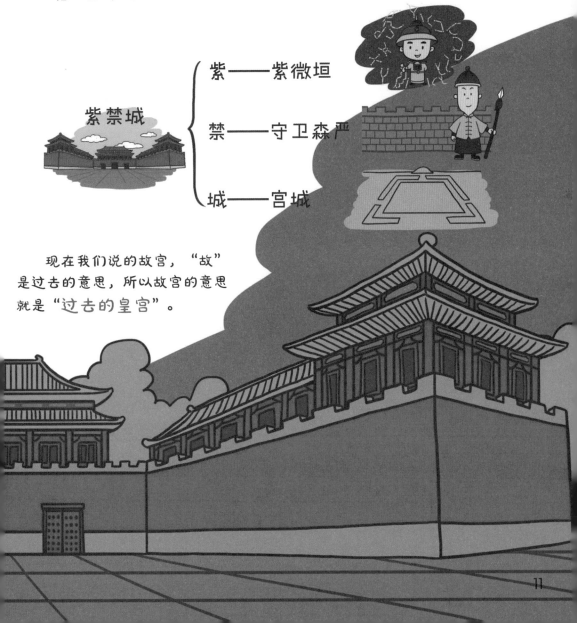

紫禁城 ｛
紫——紫微垣
禁——守卫森严
城——宫城

现在我们说的故宫，"故"是过去的意思，所以故宫的意思就是"过去的皇宫"。

故宫在哪里？

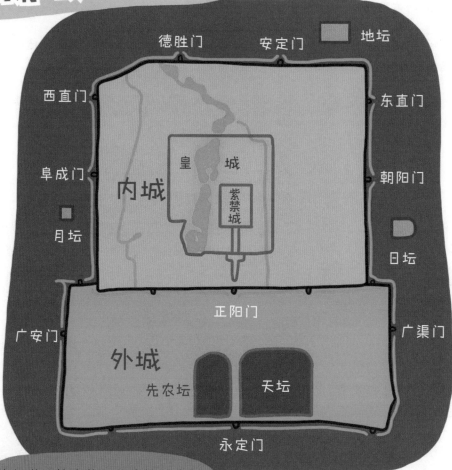

我知道！故宫位于北京城的中轴线上，很好找！

那你知道它在老北京城中的位置吗？紫禁城建在老北京城的正中间。当时的北京城分为外城、内城、皇城和宫城。宫城就是紫禁城。

老北京城的内城差不多就是现在北京地铁 2 号线圈起来的范围；外城大一些，最远可以到天坛。

②号线

①号线

天安门西　天安门东

复兴门　　　　　　　　　　　　　建国门

有机会的话，你可以和爸爸妈妈或同学一起走一下北京中轴线，就会经过这 4 座门。

外城	as	内城	as	皇城	as	紫禁城
永定门		正阳门		天安门		午门

故宫有多大？

哇！故宫好大呀！

是的！故宫占地 72 万平方米，相当于 100 多个标准足球场那么大呢！

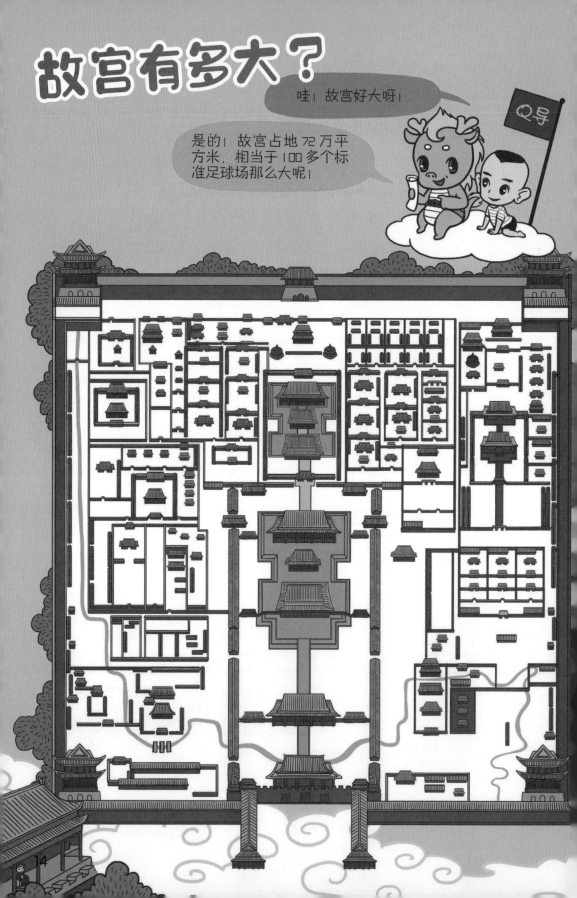

故宫有多少间房屋？

这么大的故宫，一共有多少间房屋呢？

传说，玉皇大帝的宫殿有1万间房屋，所以紫禁城只修建了9999间半。当然这只是个传说，1972年，经实际测量，故宫的房屋有8700多间，但近年来的最新测量结果为9370间。

你知道吗？

这里的"一间"和我们现在说的"一间"不是一个概念。专家们说，"一间"在古代是指4根柱子围起的范围。

故宫有9370间房屋，按1天参观1间计算，需要差不多26年才能全部参观完。

啊？那时我都快34岁了！

15

故宫这样分区

故宫整体呈长方形，分为"外朝"和"内廷"两个部分。以乾清门为界，南侧的叫"外朝"，是皇帝上班的地方；北侧的叫"内廷"，是皇帝和家人们生活的地方。

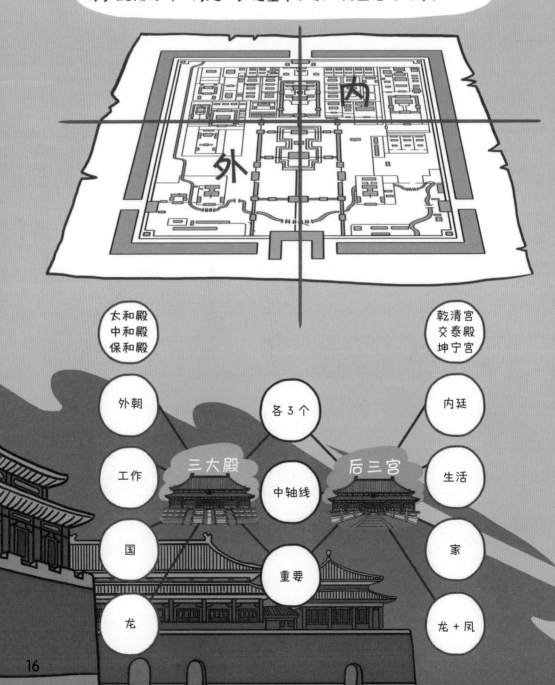

太和殿
中和殿
保和殿

乾清宫
交泰殿
坤宁宫

外朝

各 3 个

内廷

工作

三大殿

后三宫

生活

国

中轴线

家

重要

龙

龙 + 凤

故宫里所有的建筑几乎都沿中轴线对称分布。

中轴线上的建筑比东西两侧的建筑等级高，比如中轴线上著名的三大殿和后三宫。

三大殿
- 太和殿
- 中和殿
- 保和殿

后三宫
- 乾清宫
- 交泰殿
- 坤宁宫

钱小龙课堂 ——故宫的布局

你知道吗？故宫的布局还符合"左祖右社，前朝后市"的规则。左祖，就是太庙，是现在的北京市劳动人民文化宫；右社，就是社稷坛，也就是现在的中山公园。

故宫是怎么建成的？

——故宫是谁建的？

是哪一位皇帝下令修建故宫的呢？

明朝的开国皇帝是大名鼎鼎的朱元璋，但故宫不是他下令修建的。明朝的第三位皇帝朱棣，下令修建了这座皇宫。

朱棣原来住在南京，为什么要搬到北京呢？

因为他年轻时被封为燕（yān）王，封地就在北京，回北京就相当于回大本营了！

在北京建造新皇宫的旨意一颁布，全国都开始忙碌起来了。大批官员被派去采办木材、石材等原材料。全国各地该开采的开采，该生产的生产。这个工程涉及交通、运输、林业、矿业、手工业等多个行业，真是举全国之力给皇帝盖房子啊！

交通

运输

建造故宫

手工业

林业

矿业

故宫于永乐四年（1406年）开始筹建，于永乐十五年（1417年）开工，于永乐十八年（1420年）建成。

在故宫的整个修建过程中，朝廷总共征集了30多万名工匠，动用了近百万名民工。其筹建花了11年，建造花了3年多，一共耗时约14年。

会游泳的木材

可是这么多沉甸甸的木材，要怎么运到北京呢？

古人很聪明，他们将这些木材投到大运河里，木材们顺流而下，大约要2～3年才能抵达北京。

要知道，修建故宫的主要原材料是木材。为了收集大量的木材，大批官员深入湖南、贵州、四川等地的原始森林，寻找最笔直粗壮的金丝楠木。无数劳工在遮天蔽日的森林里砍伐、搬运木材，造成大量死伤，因此有"入山一千，出山五百"的记载。

钱小龙课堂——京杭大运河

京杭大运河是中国古代 3 项伟大工程之一。

中国古代
3 项伟大工程 {
长城

坎儿井

京杭大运河

京杭大运河始建于春秋时期，是世界上最长的人工运河，北起涿郡（今北京），南至余杭（今杭州），全长约 1794 千米，从开凿到现在已有 2500 多年的历史。它贯通海河、黄河、淮河、长江、钱塘江五大水系，对中国南北地区之间的经济、文化发展与交流起到了巨大的促进作用。

2014 年，中国大运河项目成功入选《世界遗产名录》，成为中国第四十六个世界遗产项目。

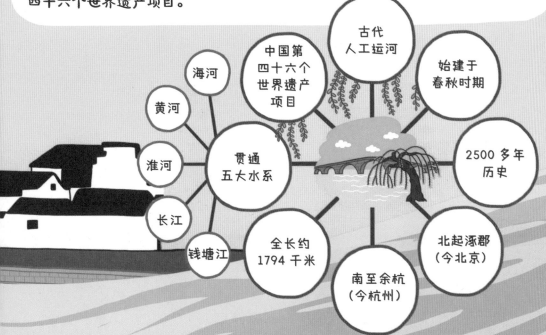

古代人工运河

始建于春秋时期

中国第四十六个世界遗产项目

海河

黄河

2500 多年历史

贯通五大水系

淮河

长江

北起涿郡（今北京）

钱塘江

全长约 1794 千米

南至余杭（今杭州）

会滑冰的石材

　　除了木材，石材也是很重要的建筑材料。因为石材实在是太重了，很难运送，所以劳工只能在北京附近开采。古代没有吊车，富有智慧的劳工们事先修好倾斜的路面，沿途凿好水井。夏天，他们在路上横放原木，铺成轮道，把巨石拉到上面拖拽；冬天，他们从井里取水浇地，冻成冰路，再在冰上慢慢拉动巨石。

　　据说，保和殿后面那块有 40 多头大象重的汉白玉石雕，就是这样滑了将近 1 个月的冰，由 2 万多名劳工和千匹牲畜从距离紫禁城 75 千米远的房山运来的。

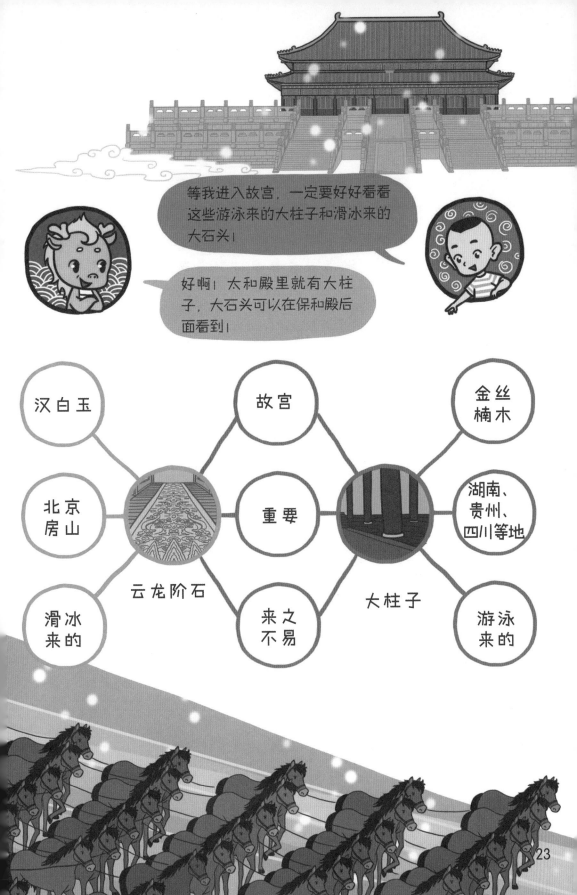

等我进入故宫，一定要好好看看这些游泳来的大柱子和滑冰来的大石头！

好啊！太和殿里就有大柱子，大石头可以在保和殿后面看到！

汉白玉

故宫

金丝楠木

北京房山

重要

湖南、贵州、四川等地

云龙阶石

大柱子

滑冰来的

来之不易

游泳来的

故宫建筑的小秘密

你是不是已经迫不及待想要进入故宫啦？

别着急，故宫的建筑设计里藏了非常多的小秘密，现在你多了解一些，将来进去参观时就会觉得更有意思！

钱小龙的任务

进入故宫后认真观察一下各个宫殿的屋顶，你能发现几种样式？尤其要好好观察一下太和殿的屋顶哟！

秘密 1 宫殿屋顶大不同

古代建筑的等级不同，其屋顶也各不相同。等级最高的是重檐庑（wǔ）殿顶，三大殿之一的太和殿就上覆重檐庑殿顶。

重檐庑殿顶

重檐歇山顶

单檐庑殿顶

歇山顶

攒尖顶

悬山顶

硬山顶

卷棚顶

秘密 2 故宫里的颜色

在故宫里行走时，我们见得最多的颜色就是三原色（红、黄、蓝）。

故宫里的
三原色

红：宫墙 ●

黄：屋顶 ○

蓝：蓝天 ●

其实，红、黄、绿、白、黑五色在故宫中都能找到：红红的宫墙，黄灿灿的琉璃瓦，南三所的绿色琉璃瓦顶，白色的汉白玉，还有文渊阁比较特殊的黑色琉璃瓦顶。

红	as	黄	as	绿	as	白	as	黑
红色宫墙		黄琉璃瓦		绿琉璃瓦顶		汉白玉		黑琉璃瓦顶

钱小龙的任务

进入故宫后注意找一找黑色琉璃瓦顶哦！

秘密 3 不怕地震的建筑

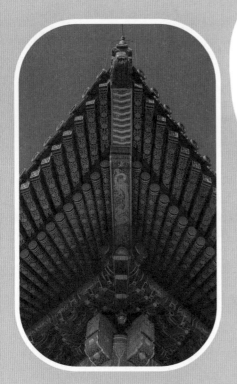

你知道吗？故宫里的建筑都是用木头建造的，但并不怕地震。数百年来，故宫经历了大大小小200多次地震。让故宫建筑屹立不倒的"抗震功臣"就是斗拱——像一把把倒挂着的伞的结构，它将故宫建筑变成了抗震的"不倒翁"。

榫卯结构

古代聪明的匠人们发明了结实的榫卯（sǔn mǎo）结构，通过凸出来的榫和凹进去的卯的连接，使两个木结构严密扣合，达到"天衣无缝"的程度。斗拱就是通过榫卯结构连接起来的。

钱小龙的任务

进入故宫后观察一下宫殿的屋檐，看看你能找到斗拱吗？

27

秘密 ④ 天花板上的井

　　故宫里很多宫殿的天花板上都有一种特殊的装饰，叫藻井，它有避火消灾的寓意。藻井上圆下方，寓意天圆地方。
　　重要宫殿的藻井里还有龙，龙的嘴里含有一颗宝珠，叫轩辕镜。传说轩辕镜可以辨别皇帝的真假，如果是假皇帝，轩辕镜就会掉下来。

哇！好美的天花板啊！

御花园千秋亭藻井　　　　太和殿蟠龙藻井

钱小龙的任务

别忘了去御花园的千秋亭看看藻井！

秘密 5 金灿灿的金砖

之前听人说三大殿里有金砖，它们真的是用金子做的吗？

哈哈！其实是"京砖"，很多人听着听着，就听成"金砖"了。

金砖的由来

送往京城的"京砖"

敲击会发出金属般的声音

一块砖价值一两黄金

金砖的由来

　　金砖的由来有 3 种说法：一种说法是此砖是由苏州所造送往京城的，所以是"京砖"，后来演变成了"金砖"；另一种说法是此砖烧成后质地极为坚硬，敲击时会发出金属般的声音；还有一种说法是在明朝的时候，这样一块金砖价值一两黄金，所以叫作"金砖"。

钱小龙的任务

在太和殿门前往里面看一看，看能不能看到这些金砖。

秘密 6 百花齐放的窗户

如果你仔细观察，就能在故宫的很多建筑上发现非常好看的花窗。其实，花窗也是分等级的。等级最高的是三交六椀菱花纹，其次是双交四椀菱花纹，象征着天地之交而生万物。还有代表富有、正直的正方格花纹，代表招财进宝的斜方格花纹和辘轳钱花纹，象征步步高升的步步锦花纹和寓意万事吉祥、万寿无疆的万字纹。

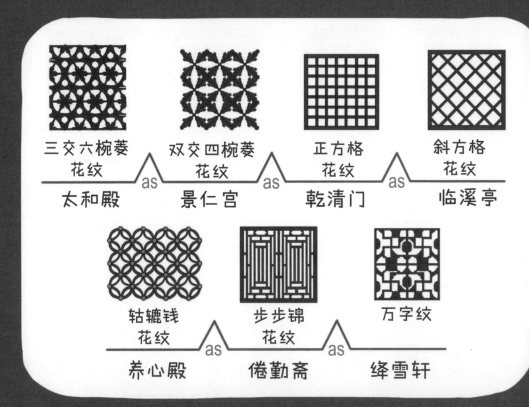

三交六椀菱花纹　as　双交四椀菱花纹　as　正方格花纹　as　斜方格花纹

太和殿　景仁宫　乾清门　临溪亭

辘轳钱花纹　as　步步锦花纹　as　万字纹

养心殿　倦勤斋　绛雪轩

钱小龙的任务

如果你愿意，可以去这些宫殿找找这些美丽的花窗。

秘密 7 有漏洞的墙

故宫重要的宫殿墙壁上有很多镂空的石砖，叫作透风，砖上雕刻着吉祥纹饰，可起到通风散热的作用。

咦？这些墙上怎么有漏洞？还挺好看的。

你的眼神不错，这个叫透风，是重要的宫殿用来通风散热的。

 as  as  as  as

竹子 | 羊 | 仙鹤 | 喜鹊 | 狮子
正直清高 | 吉祥 | 长寿 | 喜上眉梢 | 威严

钱小龙的任务

留意一下宫殿墙壁上的透风，看看你还能发现哪些图案。

31

谁住在紫禁城里？

故宫这么大，除了皇帝，他的一大家子可都住在里面呢，有太皇太后、太上皇、皇太后、皇后、皇子、公主……

停停停，我都被绕晕了，他们都是什么关系啊？

哈哈！你看看这张图，是不是一下就清楚了？

太皇太后	太上皇	皇太后	皇后	皇子	公主
皇帝的祖母	皇帝的父亲	皇帝的母亲	皇帝的嫡妻	皇帝的儿子	皇帝的女儿

这一大家子各有各的住处，你都可以去看一看！

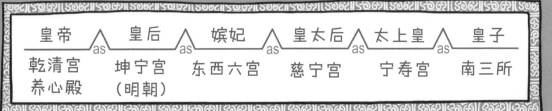

皇帝		皇后		嫔妃		皇太后		太上皇		皇子
as		as		as		as		as		
乾清宫 养心殿		坤宁宫 （明朝）		东西六宫		慈宁宫		宁寿宫		南三所

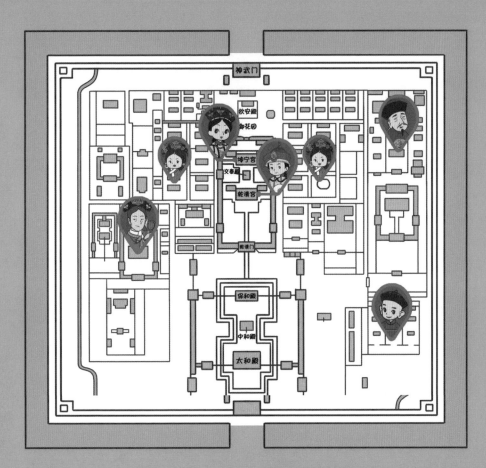

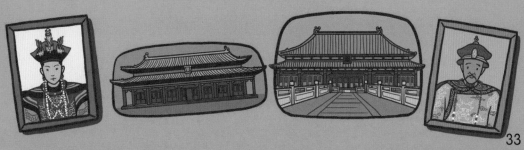

紫禁城里的皇帝们

紫禁城作为明清两朝的皇宫，一共有24位皇帝在这里住过呢。住在紫禁城的第一位皇帝是紫禁城的修建者——明朝的永乐皇帝朱棣，最后一位是末代皇帝——清朝的宣统皇帝溥仪。

紫禁城的主人（明14位：上）

1 朱棣（永乐）
2 朱高炽（洪熙）
3 朱瞻基（宣德）
4 朱祁镇（正统，天顺）
5 朱祁钰（景泰）
6 朱见深（成化）
7 朱祐樘（弘治）

紫禁城的主人（明14位：下）

8 朱厚照（正德）
9 朱厚熜（嘉靖）
10 朱载垕（隆庆）
11 朱翊钧（万历）
12 朱常洛（泰昌）
13 朱由校（天启）
14 朱由检（崇祯）

紫禁城的主人（清10位）

1 福临（顺治）
2 玄烨（康熙）
3 胤禛（雍正）
4 弘历（乾隆）
5 颙琰（嘉庆）
6 旻宁（道光）
7 奕詝（咸丰）
8 载淳（同治）
9 载湉（光绪）
10 溥仪（宣统）

朱棣

钱小龙课堂——皇帝的名字

为什么一个皇帝有好几个名字？比如，清朝的乾隆皇帝，既叫弘历，又叫乾隆，还有人称他清高宗。其实，弘历是他自己的名字，乾隆是他的年号，高宗是他的庙号。他还有谥号——纯皇帝。

名字	as	年号	as	庙号	as	谥号
皇帝自己的名字		皇帝在位时用来纪年的名号		皇帝死后在太庙里被奉祀时的名号		皇帝死后按生平事迹及功过得到的评定

建极绥猷

溥仪

皇帝的爸爸妈妈

皇帝的爸爸叫**太上皇**，皇帝的妈妈叫**皇太后**。

皇帝的老婆们

在古代，皇帝可以娶很多老婆，她们等级不同：皇后等级最高，是皇帝的嫡妻，而皇贵妃等则是皇帝的侧室。

皇后

皇贵妃

贵妃

妃

嫔

贵人

常在

答应

明朝的皇后住在坤宁宫，其他嫔妃住在东西六宫。

东六宫：景仁宫、承乾宫、钟粹宫、景阳宫、永和宫、延禧宫。

西六宫：永寿宫、翊坤宫、储秀宫、咸福宫、长春宫、太极殿（启祥宫）。

是不是还有一些妃子住在"冷宫"里？

皇宫里是没有叫"冷宫"的建筑的，你从电视剧里听到的"冷宫"，通常是指皇帝不常去，宫女和太监也不管不问的宫殿。

皇帝的儿子

皇帝的儿子都是皇子，但其中只有一个将来能当皇帝，这个人就是皇太子。

皇太子一定是皇子，但皇子不一定是皇太子，哈哈，像绕口令！

皇子（清代）一年的六天半假期

- 春节一天
- 端午节一天
- 中秋节一天
- 自己生日一天
- 皇帝生日两天
- 除夕半天

　　皇子们在五六岁时就要进上书房读书了，不论严寒酷暑，每天都要学习十几个小时，每年只有六天半的假期。

　　他们学的内容很多，包括汉语、满语、蒙古语、四书、五经、六艺等，他们的目标就是全面发展。

礼 乐 射

道德与法治 as 音乐 as 体育

御 书 数

考"驾照" as 语文 as 数学

皇子们学的"六艺"——礼、乐、射、御、书、数，和你们现在上学学的内容有点像！

是差不多，不过我们学校不教开车，我也没有驾照！

他们要学这么多知识，一年还只放假六天半……太可怜了！

现在你知道自己有多幸福了吧！

皇帝的女儿

公主是对皇帝的女儿的一种称呼。在清朝，皇后生的女儿（嫡女）通常被称为固伦公主，等级最高；嫔妃们生的女儿（庶女）被称为和硕公主。"固伦"和"和硕"都是满语，分别代表"天下"和"一方"。

固伦公主的品级等同于亲王，和硕公主的品级等同于郡王。

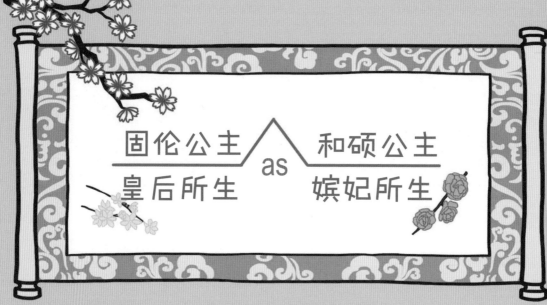

固伦公主 as 和硕公主
皇后所生　　嫔妃所生

封建社会重男轻女，提倡"女子无才便是德"，所以公主不用上学，她们只跟着母亲或宫女学习一些生活常识和礼仪，有些也会读诗诵书。

我们班的女同学可比过去的公主幸福多了！

钱小龙课堂——和亲

和亲是西汉时期首创的朝廷宗室女与少数民族首领之间的政治联姻政策。

西汉刚建立时，由于无力与匈奴作战，汉高祖只好采纳娄敬"和亲"的建议，把汉朝宗室女嫁给单于，每年还会送去丰富的"陪嫁品"——六批的绸缎、酒、粮食等，从而换取多年的和平。

至于和亲的女性过得是否幸福，只有她们自己知道了。

西汉	西汉	唐朝
解忧公主	王昭君	文成公主
as	as	
和亲乌孙	和亲匈奴	和亲吐蕃

紫禁城里的"上班族"

太医

太医是皇家的私人医生。这些太医要么是通过自己的努力考进太医院的，要么就是被地方上的名医推荐入宫的，他们都医术高超。太医要掌握各种病理知识和药理知识，更要熟练掌握"望闻问切"四诊法。

四诊法
望 —— 观察
闻 —— 听声、闻味
问 —— 询问
切 —— 把脉

太医也是有不同等级的，刚进入太医院的叫医生，表示学医的学生。随着年龄的增长和技术的提高，他们才能慢慢升职，只有成为最高等级的御医，才可以给皇帝看病呢！

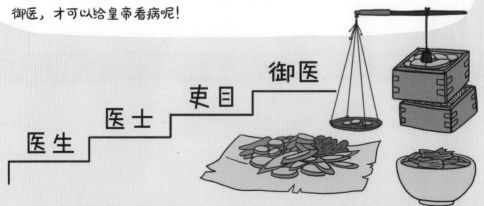

御医
吏目
医士
医生

御厨

御厨就是专门给皇家做饭的厨师，我们常在电视里听到的"御膳房"其实并不是厨房，而是管理皇家食堂的机构。紫禁城里一共有两处御膳房，分别为"外御膳房"和"内御膳房"。

- 景运门外
- 御茶膳房
- 大
- 宫中贡品帝后御用及赏赐用茶膳
- 外御膳房
- 做御膳
- 皇宫
- 御用
- 内御膳房
- 养心殿南侧
- 养心殿御膳房
- 小
- 皇帝专用

钱小龙课堂 ——满汉全席

满汉全席最早是由乾隆皇帝举办的。每逢重大节日，皇帝就会请大臣们吃饭。因为宴会上汉族大臣和满族大臣一起吃饭，所以叫"满汉全席"。民间说法是，满汉全席一般至少上108道菜，分3天吃完。

乾隆皇帝

汉族＋满族

满汉全席

分3天吃完

北菜54道

108道菜

南菜54道

宫女和太监

宫女是指在皇宫里工作的女佣，相当于现在的保姆或者小时工。和做官一样，宫女在宫中待的时间长了，也能晋升。宫女一般分普通宫女和女官两类。嬷嬷是宫中高级别的女官，相当于宫女里的班长。

宫女

普通宫女	as	女官
干脏活累活		管理宫女

宫里的女佣叫"宫女"，那男佣是不是叫"宫男"啊？

什么宫男？是太监！

太监

太监就是在宫里工作的男佣。清朝以前，太监是一种官职，被称为"宦官"；明朝以后，太监才专指在宫里干活儿的男佣。

45

故宫经典一日游

北京中轴线南起永定门、北至钟鼓楼，全长 7.8 千米，是世界上现存最长、最完整的古代城市轴线。

坐落在北京中轴线上的故宫，有哪些代表性的建筑呢？快跟着钱小龙和Q宝，一起走一走故宫经典一日游的路线吧！

午门

太和门

乾清宫

乾清门

交泰殿

哈哈！这才刚开始呢，接下来我带你逛逛故宫！

原来故宫有这么多有趣的"打卡地"！

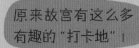

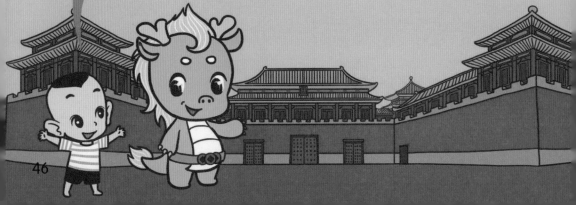

故宫经典一日游路线

午门 → 太和门 → 太和殿 → 中和殿 → 保和殿 → 乾清门

珍宝馆 ← 钟表馆 ← 御花园 ← 坤宁宫 ← 交泰殿 ← 乾清宫

神武门

故宫中轴线 + 钟表馆、珍宝馆

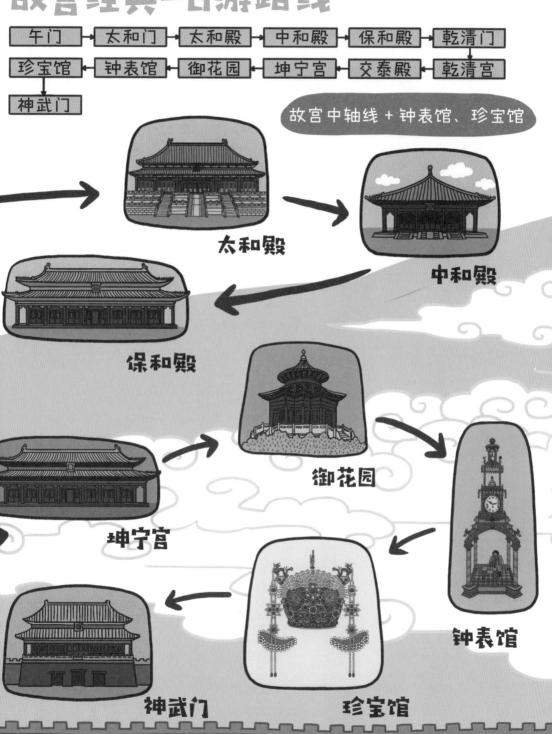

太和殿

中和殿

保和殿

御花园

坤宁宫

钟表馆

神武门

珍宝馆

故宫中轴线

午门 → 内金水桥 → 太和门 → 太和殿 → 中和殿 → 保和殿

神武门 ← 钦安殿 ← 御花园 ← 坤宁宫 ← 交泰殿 ← 乾清宫 ← 乾清门

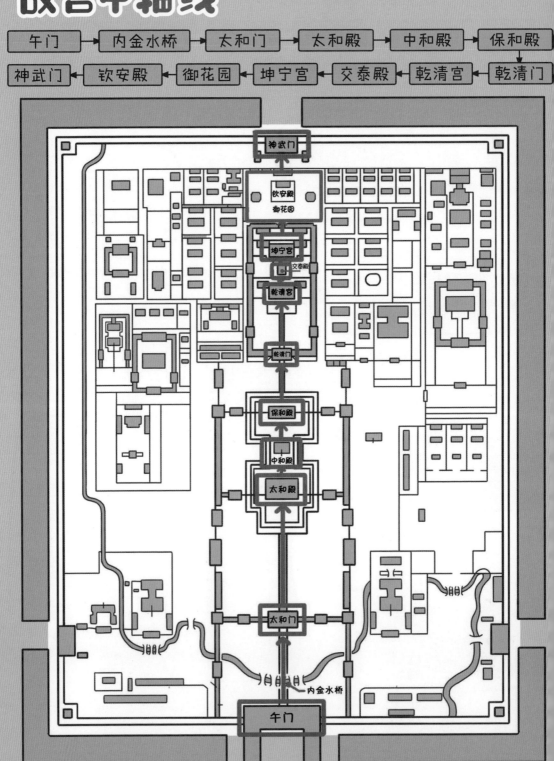

神武门

钦安殿
御花园

坤宁宫
交泰殿

乾清宫

乾清门

保和殿

中和殿

太和殿

太和门

内金水桥

午门

午门

故宫南面的午门，是紫禁城的正门，也是故宫所有门中最大、最壮观的一座。我们就从这里开启故宫之旅吧！

逛故宫一定要从午门进，从神武门出，沿着中轴线走，从外朝到内廷，近距离感受一下这座皇宫里的建筑！

嗯，听说中轴线上的建筑，都是紫禁城中绝对不能错过的"打卡地"！咱们快出发吧！我都等不及了！

午门的"明三暗五"

你数一数午门有几个门洞。

3个！这好简单啊！

你现在再数一数，到底有几个？

咦！有5个！这是怎么回事？

这种建筑形式叫"明三暗五"！刚才你没注意，午门除了正中有3个朝南的门洞外，左右两侧还有两个东西朝向的不起眼的掖（yè）门。

"腋门"，是指腋下的门吗？哈哈，就是胳肢窝门。

那中间的门洞呢？是给谁用的？

别急，听我慢慢道来。中间的门洞只有3种人能经过。

第一种人：皇帝。这里是专供皇帝出入的。

第二种人：皇后。皇后一生只从这里进入一次，就是在大婚当天，预示着皇家血脉得以传承。

第三种人：殿试的前3名。他们带着"为家国天下而努力"的心愿从这里经过，这也成为古时候读书人一生最大的荣耀。

状元　　榜眼　　探花

殿试第一名　殿试第二名　殿试第三名

其实，皇帝出入午门的次数也不是很多，一般只有祭祀、御驾亲征和凯旋、外出巡视的时候才走午门，其他时候从神武门、西华门进出。故宫一共有4座大门，除了南门午门，还有北门神武门、东门东华门和西门西华门。

故宫的
4座大门

南：午门

北：神武门

东：东华门

西：西华门

午门广场有什么用？

咱们快进去吧

别急，先好好看看这个午门广场，有很多重要的活动会在这里举行哦。

午门广场的重要活动

颁朔

进春

献俘

廷杖

紫禁城大侦探

探秘地点：午门
午门有多少颗门钉？

紫禁城南门（午门）、北门（神武门）、西门（西华门）3座大门都是九路门钉，即九行九列，共81颗门钉，唯独东门（东华门）是八行九列，共72颗门钉。九路门钉是最高等级的门钉排列，亲王府、郡王府等都不能用。

此外，除了宫门，其他地方的门只能用铁制门钉，不能用铜制的；而平民百姓家则根本不能用门钉。

内金水桥

从午门进入故宫，迎面可以看到 5 座精美的汉白玉石拱桥——内金水桥，桥下就是内金水河了。

为什么叫金水河？难道这条河里的水是金色的吗？

这条河发源于西北方向的玉泉山下，在中国的五行里，西和北分别对应金和水，所以叫它金水河。

北
水

西　中　东
金　土　木

南
火

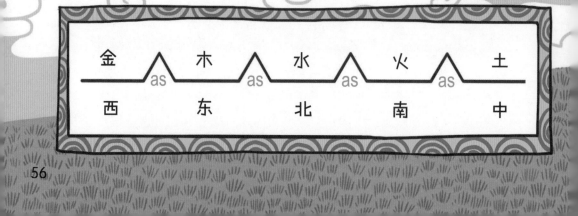

金		木		水		火		土
	as		as		as		as	
西		东		北		南		中

内金水河像一条巨大的水龙盘绕在紫禁城里，为整个皇宫增添了一丝灵动。从午门望去，内金水河宛若一张巨大的弓，而河上的5座汉白玉石拱桥就像5支蓄势待发的箭一样，箭头对外守卫紫禁城。

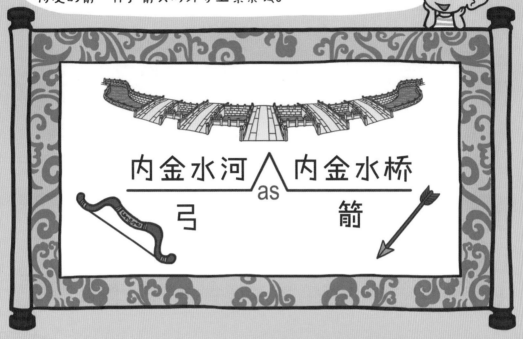

内金水河 as 内金水桥

弓　　　箭

弓寓意拱卫国家社稷，而5支箭代表世人都要恪守的精神法则，即儒家"三纲五常"中的"五常"——仁、义、礼、智、信。

仁

义

礼

智

信

太和门

再往前走，就是太和门了。

太和门是紫禁城中最大的宫门，也是外朝宫殿的正门。太和门广场占地2.6万平方米，能够容纳10万人，是世界上建筑内部最大的广场。

御门听政

明朝皇帝和清朝初期的顺治皇帝就是在太和门"御门听政"的。御门听政就是我们所说的早朝，其间皇帝要和大臣们一起讨论国家大事！到了康熙年间，御门听政的地方就改到乾清门了。

不对啊，我看电视剧里，皇帝和大臣们都是在太和殿上朝的。

有些剧情其实是错误的。"御门听政"就是皇帝在"御门"下听取百官奏事。这里的"百官"真的是指上百位官员一起上朝，这么乌泱泱的一群人，太和殿也装不下呀！

在太和门前，有一对铜狮子，你能分清它们是雌是雄吗？

Q宝，你的妈妈不是一位思维导图老师吗？那我就用双气泡图来教你如何快速区分铜狮子的雌雄吧！

西

雌

脚下是小狮子

皇家子嗣昌盛

太和门前

铜狮子

高大威猛

东

雄

脚下是镂空绣球

权力和统一

钱小龙的任务

紫禁城里一共有6对铜狮子呢！最大的在太和门前，最小的在长春宫门前。请你留心观察，看看能不能把这些铜狮子都找到。

长春宫

养心门

乾清门

养性门

宁寿门

太和门

紫禁城大侦探

探秘地点：太和门广场
寻找紫禁城里的"报警器"

　　如果你仔细观察，就会发现有些护栏的石柱上方、莲花型柱头顶端有个缺口，柱头里面还是空的，叫"石别拉"。这可不是破损了，而是富有智慧的古人故意这么设计的！

　　石别拉又叫"石海哨"，是利用栏板的望柱头改造而成的，而且仅限于莲花型柱头。有一种说法是，一旦皇宫里有紧急情况发生，侍卫就会将随身携带的铜角插入石别拉，然后吹响，发出"呜呜呜"的类似螺声的警报，嘹亮浑厚的声音很快就会传遍整个皇宫了。不过，这种说法也是来自民间的口口相传，至于石别拉的真实用途，可能只有当时的侍卫们才知道啦。

望柱头

铜角

哇！三大殿

三大殿

太和殿	
中和殿	
保和殿	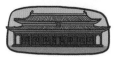

穿过太和门，继续往北走，就是三大殿了！故宫里要说最为雄伟壮观，同时也最为核心的建筑，当属三大殿。三大殿指太和殿、中和殿、保和殿，它们是皇帝行使权力或者举行盛典时所用的宫殿。

太和殿

太和殿作为三大殿中的"老大"，就是我们常说的"金銮殿"，它是外朝最重要的建筑，也是紫禁城中等级最高的建筑。

帝王家里有大事，比如皇帝登基、大婚、过生日、册封皇后、命将出征、过三大节等，都是在这里举行盛典的。

皇帝登基

三大节

太和殿重大典礼

皇帝大婚

命将出征

皇帝生日

册封皇后

在太和殿前，你还能看到太和殿周边有很多造型独特的器物。比如，古代的计时器——日晷（guǐ），古代的标准量器——嘉量。

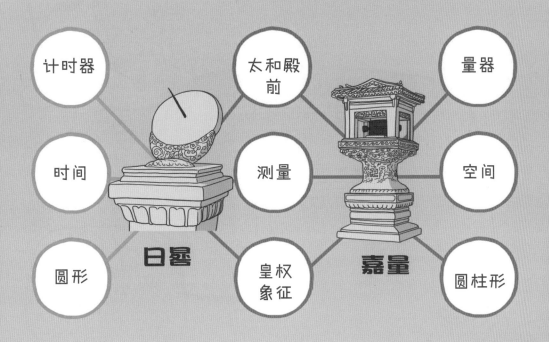

计时器

太和殿前

量器

时间

测量

空间

圆形

日晷

皇权象征

嘉量

圆柱形

还有在举行大典时用来焚香的铜香炉——铜鹤、铜龟，它们都是皇权的象征，代表了皇家尊贵的地位。

咦？太和殿屋脊两端突出的部分是什么啊？

在太和殿屋脊两端，有一对高3.4米、重43吨的大吻兽。传说这对大吻兽有镇火的本领，能保护宫殿。

Q导

走近些，抬头看，你会发现在太和殿的屋脊上，还有很多小神兽排成一排，它们叫"脊兽"。不同的脊兽有不同的寓意哦！

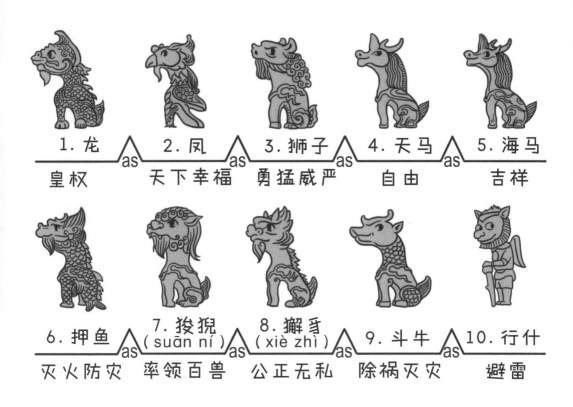

1. 龙 as 皇权

2. 凤 as 天下幸福

3. 狮子 as 勇猛威严

4. 天马 as 自由

5. 海马 as 吉祥

6. 押鱼 as 灭火防灾

7. 狻猊（suān ní）as 率领百兽

8. 獬豸（xiè zhì）as 公正无私

9. 斗牛 as 除祸灭灾

10. 行什 as 避雷

这些脊兽身子底下都藏着锋利的铁钉，把琉璃瓦牢牢固定在屋檐上，而脊兽就像铁钉的帽子，既美观又能保护铁钉不受日晒雨淋，一举两得。古人真是太聪明了！

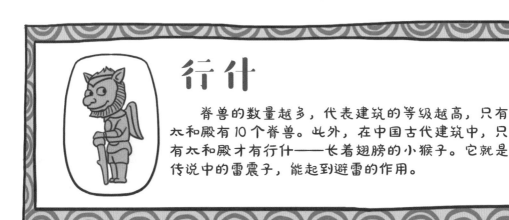

行什

　　脊兽的数量越多，代表建筑的等级越高，只有太和殿有10个脊兽。此外，在中国古代建筑中，只有太和殿才有行什——长着翅膀的小猴子。它就是传说中的雷震子，能起到避雷的作用。

太平缸

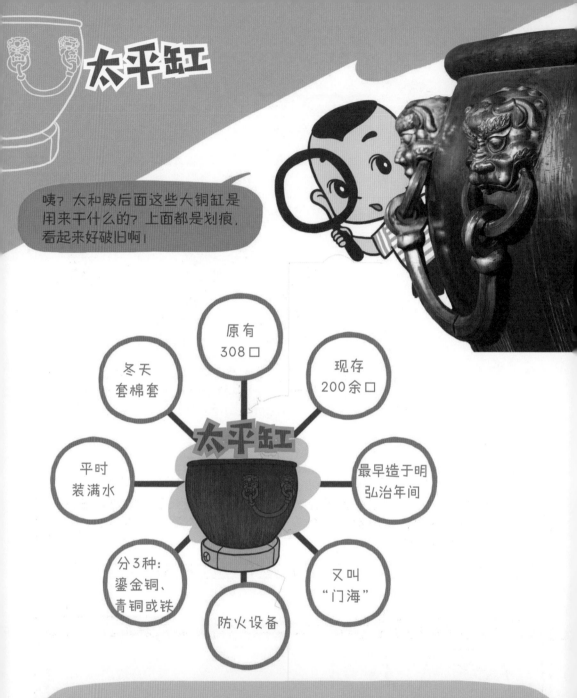

咦？太和殿后面这些大铜缸是用来干什么的？上面都是划痕，看起来好破旧啊！

太平缸

- 冬天套棉套
- 原有308口
- 现存200余口
- 平时装满水
- 最早造于明弘治年间
- 分3种：鎏金铜、青铜或铁
- 又叫"门海"
- 防火设备

　　故宫内的这种大铜缸一共有308口，叫作"太平缸"。一口大铜缸就重达3000多千克，可容水2000升，比一辆水车还能装。

　　太平缸是明清时期皇宫中仅有的殿外陈设物，它不仅具有消防作用，还是不可或缺的装饰品。

　　在清朝，太平缸是由内务府管理的。内务府会在缸里装满水，用来防火。到了寒冷的冬季，缸里的水就会冻住，这可怎么办呢？于是，内务府就让太监们在太平缸的外面套上厚厚的棉套，再盖上缸盖，往太平缸下边的石座里放上炭火。这样一来，缸里的水就不会冻住啦！

太平缸为什么会伤痕累累？

太平缸上的划痕可不是因为年代久远、自然磨损造成的，而是人为造成的。

是谁干的呢？那必定是八国联军了。

据说，有些太平缸是采用鎏金工艺制作而成的，造每口缸使用的黄金足足有100两。1900年，八国联军入侵北京，慈禧太后马上带着光绪皇帝仓皇逃窜。八国联军一看紫禁城的主人都跑了，就趾高气扬地踏入紫禁城，在里面为所欲为。

他们无意中发现太平缸表面居然镀有黄金，于是就用刀刮缸。

所以，我们今天所看到的太平缸就是伤痕累累的了。

中和殿

 接下来，我们继续前进，就会来到中和殿啦！

你知道中和殿是用来干什么的吗？

中和殿作为三大殿中体积最小的宫殿，是大典之前皇帝休息、等待吉时的地方。

除此之外，去先农坛举行亲耕仪式前，皇帝还会在这里检查农具和种子。

钱小龙课堂
——故宫里藏着的北斗七星

北斗七星绕着北极星逆时针旋转一圈，一年四季就过去了。北斗七星斗柄指向东南西北4个方向时，分别对应春夏秋冬4个季节。

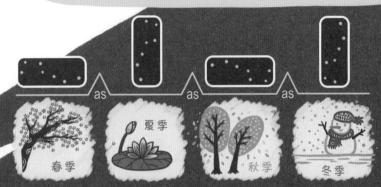

as　　　as　　　as

春季　　　夏季　　　秋季　　　冬季

保和殿

沿着中轴线继续往北，就来到了三大殿的最后一个宫殿——保和殿。保和殿又称"皇帝的宴会厅"和"最高等级的考场"。

皇帝的宴会厅

保和殿是皇帝请客的地方。清朝时，每年正月十五皇帝都会在这里宴请外藩、王公及一、二品大臣；公主出嫁时，皇帝也在这里宴请驸马家的男宾。

最高等级的考场

保和殿也是最高等级的考场。从清朝乾隆年间开始，中国古代最高等级的考试——殿试，都是在这里举行的。只有在科举考试中一路过关斩将的学霸，才有机会来到这里考试！

钱小龙课堂
古人的考试

科举考试的流程

| 童试 | → | 乡试 | → | 会试 | → | 殿试 |

通过各级考试后的称呼

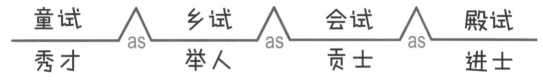

| 童试 | as | 乡试 | as | 会试 | as | 殿试 |
| 秀才 | | 举人 | | 贡士 | | 进士 |

如果一个人在乡试、会试、殿试中连着当了3次第一名，那就是"连中三元"了！

| 状元 | as | 榜眼 | as | 探花 |
| 殿试第一名 | | 殿试第二名 | | 殿试第三名 |

还记得前面讲过的殿试前三——状元、榜眼、探花吗？
他们就更不一般了，可以从午门正中间的门洞经过。

紫禁城大侦探

探秘地点：保和殿后面
寻找紫禁城里的云龙阶石

还记得前面说过的靠滑冰来到紫禁城的大石头吗？它就在保和殿后面，就是这块云龙阶石！这块汉白玉石雕是由一整块石材雕成的，非常震撼！

这么重要的石雕为什么不放在太和殿呢？

你还真问到点子上了，它原本就是要放在太和殿的，但一开始放错了，宫殿建好后就没办法穿越重重宫门运回太和殿了。

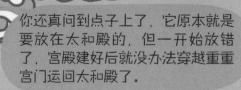

外朝和内廷的分界线 乾清门

逛完三大殿，再继续向北走就来到了乾清门。乾清门是紫禁城中工作区和生活区的分界线，这道门之前是外朝，过了这道门就是内廷。我们所说的后三宫——乾清宫、交泰殿和坤宁宫，皇帝和皇后就曾在那里休息哟！

小龙你看，乾清门前的这对铜狮子为什么耷拉着耳朵呢？

传说这是提醒后宫的闲杂人等少听、少议论外朝的事情，提醒后宫不要干涉朝政。

太和门前和乾清门前的铜狮

大

铜狮子

小

青铜

雌雄一对

鎏金铜

耳朵立着

故宫神兽

耳朵耷拉着

乾清宫——皇帝的寝宫

乾清宫是后三宫的"老大"，是内廷中最大的一栋建筑。从明朝到清朝康熙年间，这里都是皇帝的寝宫。

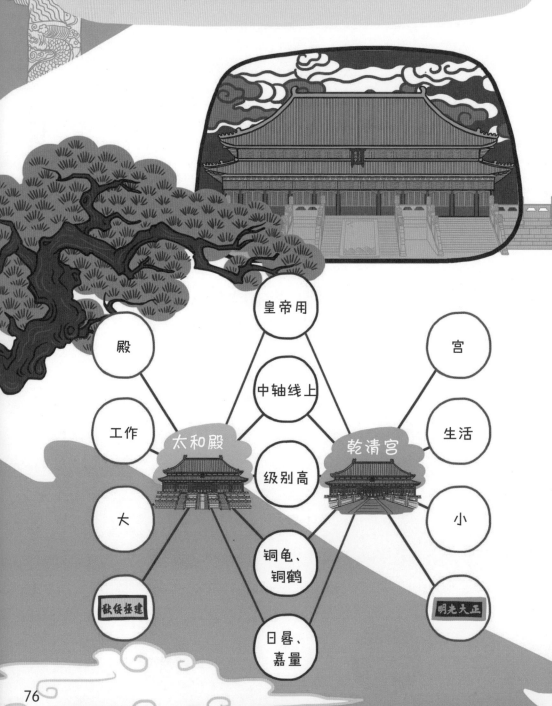

皇帝用

殿

宫

中轴线上

工作

太和殿

生活

级别高

乾清宫

大

小

铜龟、铜鹤

日晷、嘉量

向乾清宫里面看去，映入眼帘的是象征皇权的金漆雕龙宝座和金漆雕龙屏风。殿内正中高悬着顺治皇帝书写的"正大光明"匾。

这块匾的后面可藏着一个天大的秘密！

我好像听说过，是皇位继承人的人选！

 立储制

雍正皇帝改变了皇位继承制，就是他在世时并不昭告天下究竟哪位皇子才是自己的继承人，等到自己死后再公布。而那位继承人的名字，就藏在"正大光明"匾的后面。

77

钱小龙课堂

乾清宫曾是皇帝的寝宫，先后有14位皇帝在这里居住过呢，到清朝雍正时期，他才把寝宫搬到了养心殿后殿。

当时，这里放了27张床呢！

为什么啊？那不成集体宿舍了吗？

27张床的故事

明朝时，乾清宫暖阁分上下两层，共9间房，每间放3张床，一共27张床。皇帝每天晚上任意在一张床上睡觉，所有的帷帐都放下，外人很难知道皇帝睡在哪里，这是为了防刺客。

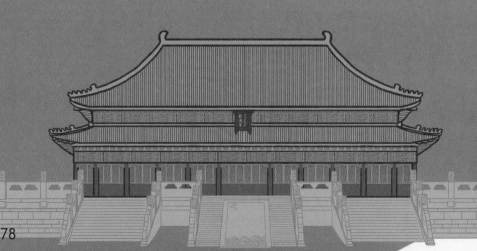

千叟宴

乾清宫也是皇家举行家庭聚会的地方，比如皇家的除夕大餐就是在这里吃的。你知道吗？清朝皇帝一共举办过4次千叟宴，有两次都是在这里举办的。

千叟宴？是说1000个老人一起吃饭吗？

"千"只是个概数，是说皇帝请很多老人一起进餐，表示尊敬老人之意。

你知道吗？ 古人是这样称呼年龄的。

二十		三十		四十		五十		六十		七十		七十~八十		八十~九十		一百
弱冠	as	而立	as	不惑	as	知命	as	耳顺	as	古稀	as	耋	as	耄	as	期颐

紫禁城大侦探

探秘地点：乾清宫两侧
寻找紫禁城里"最小的宫殿"

在偌大的紫禁城里，有一处宫殿被称为"最小的宫殿"。来到乾清宫两侧，你会看到2个小亭子一样的建筑：东侧的宫殿称为江山殿，西侧的宫殿称为社稷殿，合称江山社稷金殿。作为紫禁城内"最袖珍"的2处宫殿，它们的造型和尺寸完全相同：边长仅约1米、总高仅约1.4米。这2处宫殿体现了古代帝王希望利用它们来巩固政权的思想。

交泰殿
皇后的礼堂和办公室

每年元旦、冬至、千秋节（皇后的生日），皇后都会在交泰殿接受嫔妃们的朝贺。另外，皇帝去中和殿准备亲耕礼，皇后也有她的工作：去先蚕坛行亲蚕礼的前一天，要来这座大殿检查采桑工具。

中和殿和交泰殿

外朝

方形

内廷

中和殿

交泰殿

皇帝准备亲耕礼

四角攒尖顶

皇后准备亲蚕礼

更开阔

中间

更封闭

钱小龙课堂

每年春天，皇帝去先农坛行亲耕礼，为天下男子做表率，表示重视农业生产；同一时间，皇后要到御苑采桑喂蚕，表示重视农副业，与皇帝相呼应。这就是传统社会男耕女织、和谐美满的状态。

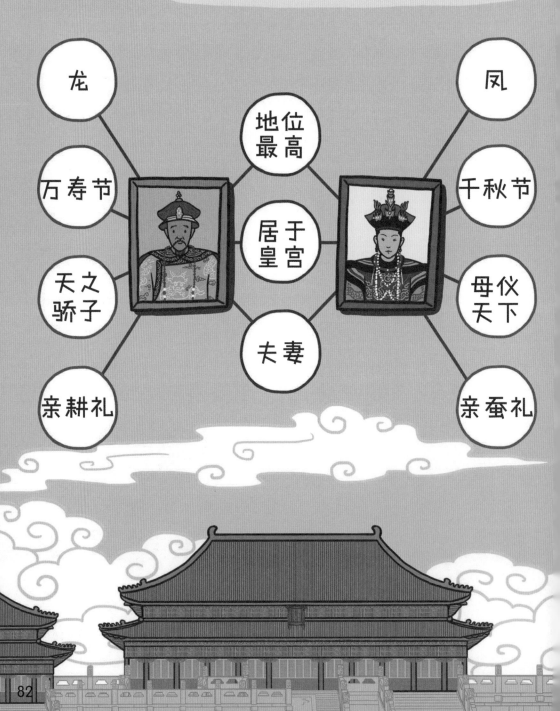

龙

凤

地位最高

万寿节

千秋节

居于皇宫

天之骄子

母仪天下

夫妻

亲耕礼

亲蚕礼

宝玺存放地

　　交泰殿里还存放着中国古代传统的计时工具铜壶滴漏和从西方传入的大自鸣钟。但此殿最重要的作用，是作为存放代表皇权的 25 方宝玺的地方。为什么是 25 方呢？

　　据说当年选择 25 这个数字是因为中国历史上统治天下最久的是东周——一共传了 25 代，所以乾隆皇帝希望大清的江山能像周朝那样传 25 代。然而，清军入关之后皇帝只传了 10 代，加上入关前的努尔哈赤和皇太极，也才 12 代而已。

坤宁宫

坤宁宫是后三宫中最靠后的一栋建筑。

明朝时，这里是皇后的寝宫。到了清朝，坤宁宫的大门从中间改到了偏东的位置。同时，坤宁宫的西暖阁改成了祭祀的场所，东暖阁则成了皇帝的婚房。

乾清宫 和 坤宁宫

乾：天　　内廷　　坤：地

皇帝　　寝宫　　皇后

乾清宫　　　坤宁宫

龙　　中轴线　　龙＋凤

你能找到这个小石墩吗？

　　坤宁宫西暖阁里有3口大锅，是祭神前煮肉用的。据说，肉是用白水煮的，连盐都不放，很难吃。

　　坤宁宫前面东南角有个小石墩，上面还有个方孔，看起来很奇怪。其实，过去这是用来插索罗杆的。那时人们会将猪血和内脏放在索罗杆上的斗里用来喂乌鸦，乌鸦是清朝满族人心目中的神鸟，索罗杆也是满族人心目中的神杆。现在索罗杆已经不在了，只剩下一个孤零零的小石墩。

小石墩

御花园

御花园就在坤宁宫的北面，是一座非常漂亮的皇家宫廷园林，虽然面积不大，但景色十分优美。御花园是皇帝、皇后及众嫔妃们休闲娱乐的地方。

御花园的中心建筑是钦安殿，殿内供奉着道教的北方水神玄天上帝——专门负责镇压紫禁城的火患。

钦安殿外的天一门前有一对独角神兽把守，很多人会误以为它们是麒麟，但其实不是，它们叫"獬豸"，具有分辨善恶的本领，而且独具慧眼，一眼就能看出来谁犯了错。

獬豸

……

我的老师可能是獬豸变的，我算错一道题、写错一个字，他都能发现！

御花园里的"小火车"

你知道吗？御花园里藏着一个"火车站"！

啊？在哪里呀？我怎么没看到！

嘿嘿，在石子路上找一找吧。

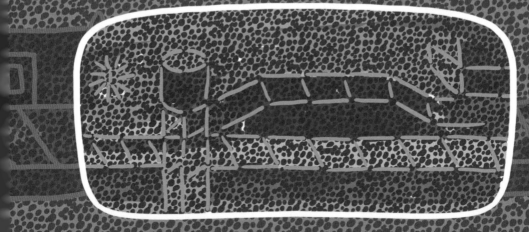

89

有趣的亭子

养性斋　　　　　绛雪轩

　　御花园里还有很多精美的建筑，比如分别像汉字"凹"和"凸"的养性斋和绛雪轩，代表一年四季的万春亭、浮碧亭、千秋亭、澄瑞亭，还有顶上露天的井亭。御花园整体遵循中心突出、东西对称的原则，比如万春亭和千秋亭、浮碧亭和澄瑞亭都是东西对称的。但并不是所有处于相对位置上的建筑都一模一样，比如养性斋和绛雪轩：养性斋平面呈"凹"字形，绛雪轩平面呈"凸"字形，非常有趣。

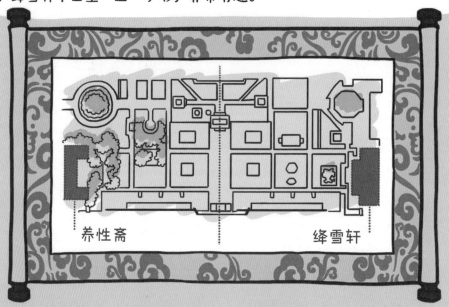

养性斋　　　　　　　　　　　绛雪轩

万春亭　　浮碧亭　　千秋亭　　澄瑞亭

春　　　　夏　　　　秋　　　　冬

紫禁城大侦探

探秘地点：御花园
寻找漏雨的亭子

这个井亭上方，为什么有个洞口呢？

这个洞口的作用有两个：一是方便采光，看清井里的水位；二是方便打扫或维修井的时候，将长长的杆子伸出去。

三大奇石

御花园里还有很多奇石，比如有三块奇石就特别有特点。

木变石：远古的树木经过自然界千百万年的作用化木为石；

诸葛拜斗石：这块石头天然的深紫色部分，形成的画面特别像《三国演义》中诸葛亮夜观天象，所以叫诸葛拜斗石。

海参石：这块石头的外形很像许多海参聚集在一起，所以叫海参石。

木变石 ⌃as⌃ 诸葛拜斗石 ⌃as⌃ 海参石
绛雪轩前方 　天一门右前方 　天一门左前方

木变石　　诸葛拜斗石

海参石

御花园里的真假连理柏

天一门内外一共有两株连理柏，一株是两棵树的枝杈真的长在一起了，另一株只是两棵树缠绕在一起，但并没有长在一起，很有意思。御花园是紫禁城里古树最多的地方，有100多棵古树。

御花园东北侧还有一座用太湖石堆起来的假山——堆秀山。山上的小亭子叫御景亭，是皇帝在重阳节登高的地方。

你知道吗？

故宫一共有4个花园，除了御花园还有3个，但它们不是随时都对外开放。

御花园	乾隆花园	慈宁宫花园	建福宫花园
as	as	as	
皇帝、皇后与嫔妃	乾隆皇帝	太皇太后、皇太后、太妃嫔	乾隆皇帝

勿囵一吞

寻宝故宫

逛完御花园，你如果累了，可以直接从神武门出去，从外面看看护城河和角楼。如果不累，可以再逛一下钟表馆和珍宝馆！

故宫博物院

钟表馆

钟表馆位于奉先殿区域，这里陈列着非常精美的各式钟表：有从欧洲传入的，也有当年清朝宫廷内务府造办处自己造的。如果你有兴趣，一定要去看看。

会写字的钟表——铜镀金写字人钟

铜镀金写字人钟

第一层：两个小人儿举着"万寿无疆"横幅

第二层：一个敲打钟碗奏乐的小人儿

第三层：钟表

第四层：一个会写字的小人儿

清乾隆年间

宫廷御用

毛笔字"八方向化，九土来王"

写字机械人上弦可写字

铜镀金写字人钟

铜镀金

敲钟人敲打钟碗奏乐

跳舞人举"万寿无疆"

4层楼阁

钱小龙的任务

认真看一看，铜镀金写字人钟写出来的8个字是什么？

97

九龙壁

宁寿宫区的皇极门外，在偌大的庭院南侧，靠近红色宫墙的地方有座五彩琉璃影壁，这就是大名鼎鼎的九龙壁！

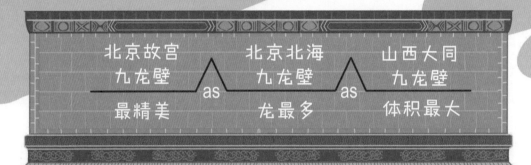

北京故宫九龙壁 最精美 as 北京北海九龙壁 龙最多 as 山西大同九龙壁 体积最大

我国一共有3座九龙壁，除了北京故宫里的九龙壁，还有两座分别位于北京的北海公园和山西大同的和阳街。

紫禁城大侦探

探秘地点：九龙壁前

找一找白龙肚子上那块"瞒天过海"的小木头

九龙壁是用琉璃烧制而成的，但是从左往右数第三条白龙的肚子上，却有一块小木头。据说，当年工匠们在安装九龙壁时，其中一个工匠不小心打碎了一块，就是白龙的腹部。眼看工期要到了，如果交不了工，所有工匠都会被杀头。情急之下，一个工匠连夜用木头雕刻了一块龙腹，瞒过了皇帝，救了所有人一命。这块"瞒天过海"的小木头一直保留到现在。

珍宝馆

珍宝馆分成几个小展馆：珠宝馆、玉石馆、金银器馆、盆景馆和石鼓馆。我们先来逛逛珠宝馆吧！

珠宝馆

珠宝馆里有各种各样漂亮的宝石，比如孔雀石、绿松石、红宝石、钻石……

珍宝馆的珠宝

- 伽南香
- 东珠
- 钻石
- 珊瑚
- 蓝宝石
- 红宝石
- 孔雀石
- 祖母绿
- 青金石
- 猫眼石
- 绿松石
- 碧玺

皇后的凤冠和东珠朝珠，你一定要看一看！

点翠嵌珠石金龙凤冠

主人是
明孝靖皇后

翠云 80 片
珍珠 3426 颗
宝石 95 块

出土于
北京定陵

金丝编织的
金龙 3 条

髹漆细竹丝
编制

点翠嵌珠
石金龙凤冠

翠蓝色
飞凤一对

翠鸟羽毛
点缀

18 朵以珍
珠、宝石
所制的
梅花

每天把这么重的凤冠戴在头上，皇后会不会累坏了？

别担心，皇后只有在参加重大典礼时才会戴凤冠，平时不戴。

　　这顶凤冠是 1956 年在明十三陵定陵出土的。凤冠的主人是明神宗的王恭妃，也就是后来追封的孝靖皇后。这顶凤冠采用了"点翠"工艺，点翠是指将翠鸟的羽毛与金属相结合的一种工艺。

　　凤冠上镶有 95 块红蓝宝石，3426 颗大大小小的珍珠，极其奢华，重达 2.95 千克。

东珠朝珠

东珠朝珠是皇帝、皇后和皇太后在参加重大典礼时才会佩戴的朝珠。

整串朝珠上下左右各有一颗珊瑚结珠，象征春夏秋冬4个季节；共用东珠108颗穿成，代表一年12个月、24个节气、72候。中间垂下来的部分叫"背云"，佩戴时背在后背上起平衡朝珠的作用，象征着"一元复始""一统天下"。

另外，左右两侧共有3串纪念，每串有10颗小珠子，代表每个月的上旬、中旬、下旬。

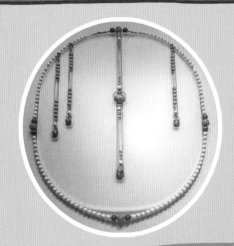

古人不都讲究对称吗？纪念怎么一边一串，一边两串呢？

这是用来区分男女的，男性的纪念在两串、右一串，女性的正好相反。

金银器馆

现在带你看的这个宝贝是金嵌珍珠天球仪！

天球仪？我家倒是有一个地球仪！

- 清乾隆年间
- 内务府造办处制作
- 天球内的机械装置可带动球体运行，上发条后可奏乐报时
- 天体模型
- 座心为指南针
- 天球是黄金做的，星星是珍珠做的
- 下置四兽足环座，座上有东、南、西、北
- 天球由环绕的九龙支撑

金嵌珍珠天球仪

神兽甪端的故事

　　甪（lù）端是中国神话中可以日行一万八千里，并且通晓四方语言的神兽。它见识广博，只陪伴英明的君主，并为其传书护驾。因此，皇宫里摆放甪端寓意当朝君主是一代明君。

快看！金角端香薰！

什么角端？你再仔细看看，那是甪端！

你能分清这几个字吗？

lù		yòng		jiǎo
甪		用		角
甪端	as	作用	as	三角形

金甪端香薰

玉石馆

田黄石乾隆帝三联印

乾隆皇帝做太上皇时所镌

末代皇帝溥仪被逐出宫时随身携带，1950年交出

左：正方形
中：椭圆形
右：正方形

备受乾隆及之后各位皇帝喜欢

田黄石

田黄石乾隆帝三联印

三玺的篆刻方式与玺文布局均有不同

用一整块田黄石雕刻而成

三方印链连在一起

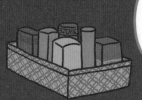

田黄石乾隆帝三联印

左："乾隆宸翰"，正方形，高1厘米，边长2.6厘米，阳文篆刻

中："乐天"，椭圆形，高1厘米，长径3厘米，短径2.3厘米，阳文篆刻

右："惟精惟一"，正方形，高1厘米，边长2.6厘米，阴文篆刻

盆景馆

　　盆景是一种陈设品，它把自然景观或人造景观浓缩在了小小的花盆中，满足人们的观赏需求。

　　盆景是清朝宫廷常用的陈设，在珍宝馆里你会看到非常多做工精湛的盆景，保证你一路走下来，会不断地"哇"！

紫禁城大侦探

探秘地点：盆景馆
寻找红珊瑚狮子

　　珊瑚自古就被视为富贵祥瑞之物，主要有红、白、绿、紫等颜色，其中以颜色纯正的红珊瑚为上品。在清朝，一、二品官员的顶戴都是用红珊瑚制成的。

　　盆景馆里的红珊瑚狮子更是稀世珍宝，它由一棵完整的珊瑚雕琢而成，活灵活现。你能找到它吗？

石鼓馆

看完了这些珍宝，再继续走，还能看到石鼓馆。现在石鼓馆里展出了10块石头。乍一看，石头黑乎乎的，厚重结实；凑近看，石头上都刻着文字。

这些石头有个好听的名字——石鼓。它们是花岗岩材质的，外形很像鼓而得名。石鼓上的文字称为石鼓文，记录了战国时期秦国国君外出狩猎的情况和当地的气候、环境等信息。

由于"颠沛流离"，文字残损过多

有一块丢失多年，曾被用来捣米、磨刀

刻10首诗，记叙了秦国贵族游猎内容

战国时期秦国

共10块

花岗岩材质

唐初被发现

刻有大篆

秦石鼓

秦石鼓

《大禹治水图》玉山

再往里走，乐寿堂里还有一块巨大的玉山。它是由一整块新疆和田玉雕刻而成的，讲述了大禹治水的故事。这块玉从运输到雕刻完成，前前后后花了10多年的时间，你可一定要仔细看看。

清乾隆年间

新疆和田玉

扬州工匠雕刻

色泽青绿

展现大禹治水的场景

《大禹治水图》玉山

运路长、耗时久、花费高、雕刻精

重5000千克

世界上最大的玉雕之一

畅音阁——紫禁城里的"3D 影院"

接下来，你一定要去看看紫禁城里最大的戏楼——畅音阁。

乾隆皇帝是戏迷，紫禁城里大多数戏台都是他下令建造的。慈禧太后也是戏迷，经常在畅音阁听戏。畅音阁对面的阅是楼就是皇帝和皇后、后妃们看戏的地方。

畅音阁分3层，上层福台、中层禄台、下层寿台。3层戏台设天井，上下贯通，并装有辘轳。演神仙下凡的剧目时，演员可以"从天而降""飞天遁地"。寿台底部还有水井和旱井，在演喷水的剧目时水井可以提供水源；旱井可以放大演员的声音，相当于音箱。

畅音阁	
	上层——福台
	中层——禄台
	下层——寿台

珍妃井——一口藏着故事的井

　　宁寿宫北端有一口藏着故事的井——珍妃井。传说，光绪帝的宠妃珍妃被慈禧太后打入冷宫，八国联军入侵北京前，慈禧太后挟光绪帝西奔，临行前命令太监把珍妃推入井中，她当时只有25岁。这口井也因此被称为"珍妃井"。

故宫经典一日游就要结束啦！咱们可以从北门出去。

神武门

神武门是紫禁城的北门，原本叫玄武门，后因避讳康熙皇帝玄烨的名讳而改名为神武门。现在，神武门上方悬挂了一块匾额，上面写着 5 个大字，就是"故宫博物院"。

出神武门离开紫禁城，迎面望去就是景山啦。

你知道吗？

当年挖护城河时挖出的土在紫禁城的背面堆成了一座山，就是现在的景山！如果你有机会登上景山，从万春亭上俯瞰，就能将故宫的全景尽收眼底。

故宫深度"打卡"游

天安门	→	端门	→	午门	→	武英殿	→	断虹桥	→	慈宁宫
西六宫	→	养心殿	→	军机处	→	隆宗门	→	故宫文创馆	→	冰窖
御花园	→	东六宫	→	箭亭	→	文渊阁	→	文华殿	→	东华门

天安门

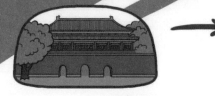

端门

军机处

隆宗门

养心殿

西六宫

御花园

东华门

小龙，我还没有逛够，还有许多地方没有去呢！

没问题！今天我就带你深度游故宫，咱们去一些十分有意义、有趣的地方"打卡"吧！

午门

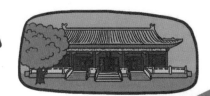

武英殿

断虹桥

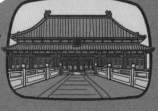

慈宁宫

冰窖 BINGJIAO

冰窖

钟表馆

东六宫

箭亭

文华殿

文渊阁

天安门

时间充足时，你可以从进入故宫前就开始认真观察。比如，天安门前的外金水河和外金水桥，和紫禁城里的内金水河、内金水桥相对应。

你还可以仔细观察一下天安门内外的华表，尤其是蹲在华表上的小神兽——朝天吼。

你注意过天安门内外的华表的区别吗?

没注意，你能给我讲讲吗?

天安门外侧		天安门内侧
一对		
犼面朝南	汉白玉	犼面朝北
天安门外的华表		天安门内的华表
望君归	朝天吼	望君出

朝天吼们在喊什么啊?

面朝北的，喊：皇帝不要总待在皇宫里，要适当地走出去了解一下百姓的生活。面朝南的，喊：皇帝不要沉迷于游山玩水，要记得回宫处理朝政哦。

钱小龙的任务

认真观察天安门内外华表上的朝天吼的朝向。

117

端门

穿过天安门，往里走就到了端门。幸运的话，在这附近你还能看到国旗护卫队的战士们在训练呢。

端门里还有一个"故宫数字馆"，有空你也可以进去逛逛。

穿过端门，就是午门了。如果你有时间，可以登上午门，近距离看一下角楼。这里有时还会有展览！

武英殿

皇家出版社及陶瓷馆

　　进入午门后，往西走，穿过熙和门，顺便可以看一下熙和门上的"旋子彩画"。然后一直往西走，就来到了武英殿，这里曾经是皇家出版社，里面有雕版印刷、活字印刷的图书。清军入关之初，摄政王多尔衮先行抵京，还曾将武英殿作为理事的场所。武英殿现在是陶瓷馆，里面展出了各个年代非常精美的陶瓷器，你一定要进去逛逛。

钱小龙课堂
雕版印刷和活字印刷

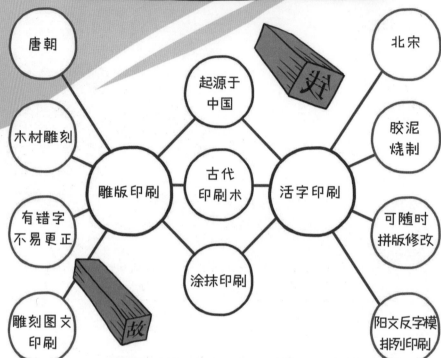

- 唐朝
- 木材雕刻
- 有错字不易更正
- 雕刻图文印刷
- 起源于中国
- 雕版印刷
- 古代印刷术
- 涂抹印刷
- 活字印刷
- 北宋
- 胶泥烧制
- 可随时拼版修改
- 阳文反字模排列印刷

印刷术是中国古代四大发明之一。

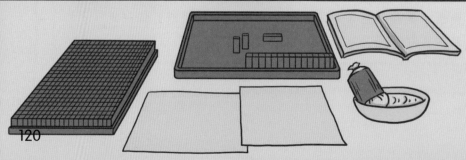

中国古代四大发明
- 造纸术
- 指南针
- 火药
- 印刷术

来这里，一定要去拜见一下"瓷母"！

慈母？你是要带我去找妈妈吗？

瓷母

这个"各种釉彩大瓶"是清朝乾隆时期的文物，上面有 12 幅图案，全身上下有 17 种釉彩（珐琅彩、粉彩、金彩、松石绿釉、仿汝釉等），所以被叫作"各种釉彩大瓶"。它体现了清朝高超的制瓷工艺，被人们誉为"瓷母"。

当时乾隆皇帝命工匠把前朝的各种釉彩都集中在一件瓷器上烧制，这个任务的难度非常大，因为不同釉彩的烧制温度不一样，集中在一件瓷器上很容易烧坏。工匠们反复试验"先高温后低温"的方式烧制，试验了上百次，最后终于成功了。

中国瓷器当时还被欧洲人称为"白色的黄金"，被当作彰显身份的工具，非常受欢迎。

快来看，这个白色的瓷娃娃是一个枕头哟！

枕用瓷做的枕头，凉冰冰、硬邦邦的，能睡着吗？

这个可爱的胖娃娃瓷枕可以算是定窑白瓷的代表作。

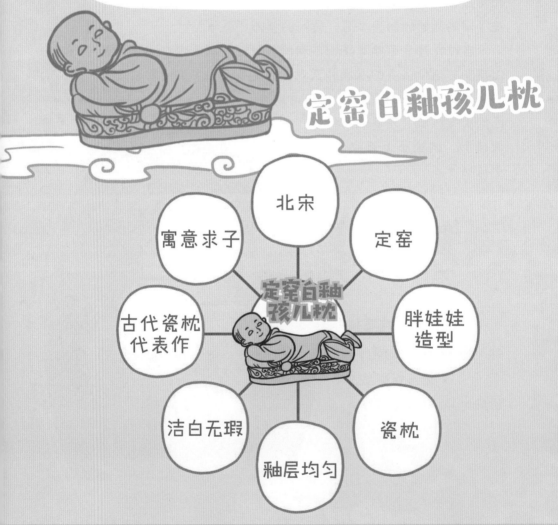

定窑白釉孩儿枕

寓意求子

北宋

定窑

古代瓷枕代表作

定窑白釉孩儿枕

胖娃娃造型

洁白无瑕

釉层均匀

瓷枕

瓷器烧制过程

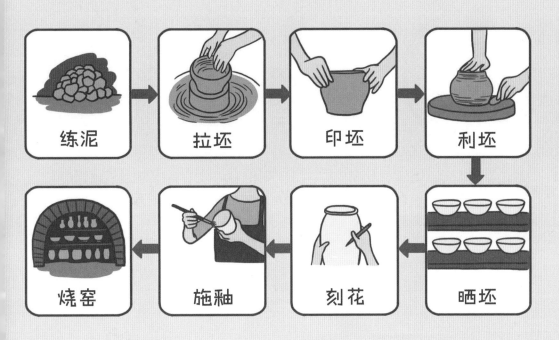

练泥 → 拉坯 → 印坯 → 利坯

烧窑 ← 施釉 ← 刻花 ← 晒坯

五六名窑烧制出来的瓷器各有特色。

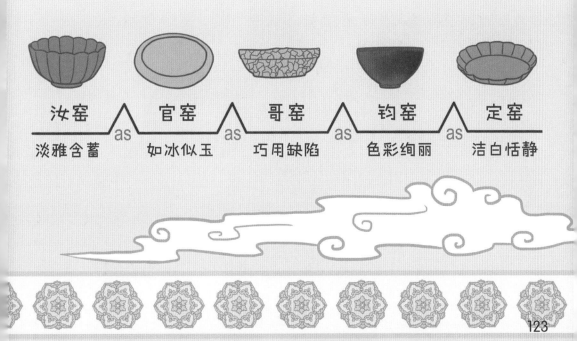

汝窑	官窑	哥窑	钧窑	定窑
淡雅含蓄	如冰似玉	巧用缺陷	色彩绚丽	洁白恬静

三彩胡人牵骆驼俑

"唐三彩"中的"三彩"是指哪 3 种颜色啊?

"三彩"的意思其实是多彩,包括黄、绿、白、褐、蓝、黑、紫等。

唐三彩始创于唐高宗时期,在唐玄宗开元年间最为兴盛,多用于陪葬,属于"冥器"。

唐朝陶器

制作工艺复杂

以黄、绿、白、3 色为主

地域风情浓郁

最早出土于洛阳

唐三彩

颜色鲜艳

造型生动

多为陪葬品

钱小龙课堂——陶瓷与丝绸之路

这些极具西域特色的唐三彩，都是古人通过丝绸之路促进文化交融的见证，是我国非常珍贵的历史文物。

起源于西汉

明朝时成为综合贸易之路

张骞出使西域

最初用于出口丝绸

丝绸之路

西汉时起点为长安

连接地中海沿岸各国

东汉时起点为洛阳

到达中亚、西亚

黏土或陶土

某种泥土塑形

瓷土或高岭土

800~1100摄氏度或低于800摄氏度

陶器

高温烧制

瓷器

1200度以上

颜色暗淡

瓷器是在陶器的基础上发展起来的

颜色鲜亮

质地相对粗糙

质地坚实细腻

陶瓷其实是陶器和瓷器的总称，瓷器是在陶器的基础上发展起来的。

断虹桥

　　走出武英殿，在它的东边有一座横跨内金水河的小桥，这就是断虹桥。桥上有姿势各异的石狮子，其中有一只很特别，它一手摸着脑袋，一手捂着裆部，非常滑稽。

紫禁城大侦探

探秘地点：断虹桥

寻找捂裆的石狮子

据说，道光皇帝有一次因为儿子犯错，生气地踢了他一脚，但不巧踢到了儿子的裆部。不久这个皇子大病一场，没几天就死了。

后来有一天，道光皇帝散步时路过断虹桥，发现了这只一手摸头、一手捂裆的石狮子，觉得非常像儿子当年被踢的样子。他非常内疚和伤心，令人用布把这只石狮子盖了起来，以免再睹物思人。

慈宁宫 皇太后休息的地方及雕塑馆

　　慈宁宫在内廷外西路，是过去皇太后居住的正宫。慈宁宫主要是为皇太后举行重大典礼的殿堂，比如庆祝太后的生日圣寿节，给皇太后上徽号；等等。

　　现在，慈宁宫是故宫的雕塑馆。感兴趣的话，你可以进去看一看。

　　慈宁宫门前有一对麒麟，你可以好好观察，对比一下麒麟和獬豸（钦安殿天一门前）这两种神兽。

寓意祥瑞	金色	代表公正
两角	有鳞	独角

麒麟　　　　獬豸

圆蹄	火焰头	利爪

慈宁宫花园始建于明朝，是明清时期太皇太后、皇太后及太妃嫔们游玩、礼佛的地方。

冰窖

紫禁城曾有5座冰窖，可存放约2.5万块冰。每年冬季，宫人们从紫禁城外的护城河里采冰3~4次，利用冰窖一直将冰留存到夏天，用来消暑。

其实，无论是解暑还是取暖，古人都是很有一套办法的。

现在，冰窖已经成为一个餐厅了。

夏天

故宫

冬天

解暑

方便

取暖

掐丝
珐琅番莲
纹冰箱

冰箱

皇家
享受

手炉

朱漆描
金龙凤纹
手炉

古人解暑和取暖的工具

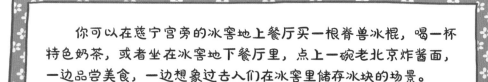

你可以在慈宁宫旁的冰窖地上餐厅买一根脊兽冰棍，喝一杯特色奶茶，或者坐在冰窖地下餐厅里，点上一碗老北京炸酱面，一边品尝美食，一边想象过去人们在冰窖里储存冰块的场景。

Q宝的小提示

去冰窖游览时，可以去那里盖几个故宫特色纪念章！

故宫文创馆

　　逛完慈宁宫花园，你可以先在天街西侧、隆宗门外的故宫文创馆里稍微停留一下，给自己或朋友买一个纪念品。这里的宫猫盲盒等很多故宫文创品都非常精美可爱。

Q导

Q宝的小提示

去故宫文创馆，买一个你喜欢的纪念品带回家吧！

隆宗门

射在匾额上的箭头

　　隆宗门在乾清门广场西侧，是连接内廷与外朝西侧的通路。在隆宗门的匾额上有一个箭头，这可是历代大清皇帝的肉中刺、心中痛。1813年，林清领导农民起义军攻入紫禁城，在隆宗门与禁卫军展开激烈的战斗。虽然农民起义军以失败告终，但嘉庆皇帝为了提醒自己"不好好治理国家，起义军还会攻入京城"，就将这个箭头保留了下来。

军机处

在乾清门广场的西北角，有一排看起来很不起眼的小屋，这就是辅助皇帝处理政务的机构——军机处。很多位高权重的军机大臣当年就是在这里上班的。

现在的军机处相当于一个小展厅，你可以进去看一看。

补子

军机处里展出了明清时期官员朝服上的补子。

钱小龙课堂 ——补子

你知道怎么区分文官和武官吗？二者最明显的标志就是朝服上的补子图案——文官绣飞禽，武官绣走兽。

文官的补子

武官的补子

御史的补子

还有一种区别于文官、武官的官员，叫"御史"，其专门监察官员是否贪赃枉法。

御史有独特的补子，补子上所绣的动物正是天一门前的那种神兽——獬豸。獬豸具备辨别是非公正的能力，御史作为监察的官员，正需要这种能力。

养心殿

养心殿在乾清宫西南侧。这里离乾清宫、后宫、御膳房、军机处都很近，特别适合皇帝居住，清朝有8位皇帝先后在这里住过。

每年正月初一，皇帝会在养心殿举行开笔仪式，写下新年寄语。子时一到，他亲手写下新年第一笔：天下太平。

你知道吗？

养心殿的东暖阁曾经是慈禧太后垂帘听政的地方。

乾隆皇帝的书房：三希堂

三希堂在养心殿的西暖阁里，这个 8 平方米的小隔间，是乾隆皇帝的书房。三希堂曾经收藏了 3 件稀世之宝，它们都是乾隆皇帝非常喜欢的书法作品。乾隆皇帝还有一件宝贝——旅行文具箱，它可以说是一个巨型文具盒，里面多种文房器具应有尽有，非常适合外出旅行时携带。

三希堂的 3 件稀世珍宝
- 《快雪时晴帖》——王羲之
- 《中秋帖》——王献之
- 《伯远帖》——王珣

乾隆年间制

适合外出旅行时携带

紫檀木箱，展开为桌，闭合为箱

箱内配小烛台一套

旅行文具箱

箱盖装有镀金暗锁，箱底有钥匙孔

小字典、双陆棋等掌中赏玩精品

可放 64 件小巧精细的文房器具

箱内有两个屉盒，盒内有多宝格

西六宫

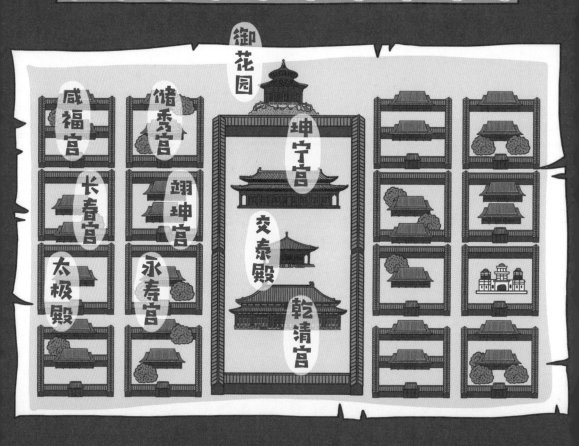

御花园

咸福宫

储秀宫

坤宁宫

长春宫

翊坤宫

交泰殿

太极殿

永寿宫

乾清宫

紫禁城大侦探

探秘地点：西六宫附近

"离家出走"的门槛

在去西六宫的路上，你如果细心观察，就会发现很多门槛都不在原来的位置上，而是被放在大门旁边——这一道道"离家出走"的门槛是怎么回事呢？

原来，末代皇帝溥仪为了方便自己骑自行车，命人把后宫中他觉得碍事的门槛统统锯掉了。后来经过统计，被他下令锯掉的门槛有 20 多道，这样他就可以在后宫里畅通无阻地骑自行车了！

但聪明的匠人们没有随随便便锯掉，而是借助榫卯结构，把门槛变成了可拆卸组装的：白天可以拿下来放在一边，晚上还可以装回去。是不是很厉害！

翊坤宫

在翊坤宫前的房梁上，可以看到4个锈迹斑斑的铁环。那里曾经悬吊着秋千，末代皇后婉容还曾在那里荡秋千呢。

找错字

认真观察一下翊坤宫前的屏门，上面有 4 个字——光明盛昌。但你细看后会发现，这 4 个字里就有 2 个错别字：明字多一横，盛字少一点。这是为什么呢？古人把这种写法叫"添笔"和"缺笔"，一般是为了避讳。原来，这座影壁门合上是"光明盛昌"，打开后就剩"盛明"了。在清宫里写"盛明"，可能使人联想到"反清复明"，所以不如把字改动一下。

储秀宫

慈禧太后刚入宫时曾住在储秀宫后殿，并在此生下同治皇帝。光绪十年（1884 年），慈禧太后五十大寿时，她又回到储秀宫居住。

你去参观储秀宫时，可以看到宫殿台基下有一对铜龙和一对铜梅花鹿。

逛完西六宫，穿过御花园就可以到东六宫了。

东六宫

东六宫在后三宫的东侧，包括钟粹宫、承乾宫、景仁宫、景阳宫、永和宫、延禧宫。逛东六宫时，你可以重点看一看永和宫和延禧宫。

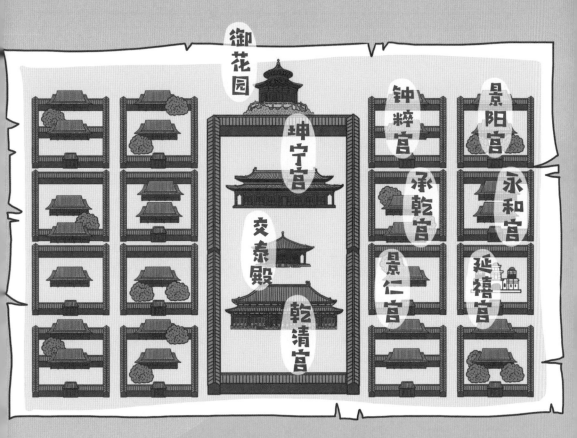

御花园
坤宁宫
交泰殿
乾清宫
钟粹宫
承乾宫
景仁宫
景阳宫
永和宫
延禧宫

永和宫

雍正皇帝的生母曾经在永和宫居住。永和宫井亭里的井和其他宫院里的不一样——不是古朴的石井，而是经过改造的铜质压力井，也就是咱们常说的压水机。

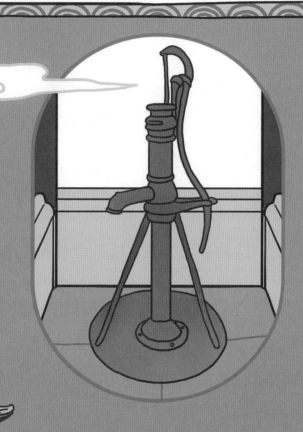

钱小龙的任务

去永和宫找一找当年留下的压水机。

延禧宫

紫禁城里的"烂尾楼"

延禧宫和其他宫院的样子很不一样，因为它是一座西洋式建筑，而且锈迹斑斑、破败不堪，这是怎么回事呢？

原来，延禧宫曾经被大火烧得只剩下宫门，后来出于种种原因一直没能重建。直到宣统元年（1909年），隆裕太后决定斥资把延禧宫修建成一座四周环水还能养鱼的西洋式建筑——灵沼轩，俗称水晶宫。可惜当时国库空虚，水晶宫被迫停建，最后变成了"烂尾楼"。

这座水晶宫如果建成会是什么样的？你能想象出来吗？

箭亭

　　箭亭在乾清门广场东侧景运门外、奉先殿（钟表馆）南面一片开阔的平地上。它虽然名字中带"亭"字，但不是亭子，而是一座独立的大殿。这里是清朝皇帝及其子孙练习骑马射箭的地方。

咦？这里怎么还有 5 头铜牛啊？它们不会有碍皇帝骑马吗？

不会不会，这是 2017 年 2 月才放到箭亭门前的，是故宫博物院中一幅传世名画《五牛图》的立体化呈现。

这 5 头铜牛寓意五福临门。第一福是"长寿"，第二福是"富贵"，第三福是"康宁"，第四福是"好德"，第五福是"善成"。

钱小龙课堂——中国十大传世名画

除了《五牛图》，《清明上河图》《千里江山图》也都藏于故宫博物院哟！

传世名画

唐朝

韩滉

寓意鼓励农耕

《五牛图》

现存最早纸画本

约5张A4纸大小

5头牛形象不一、姿态各异

5头牛自右向左行进

《洛神赋图》

《千里江山图》

《清明上河图》

《步辇图》

《富春山居图》

中国十大传世名画

《五牛图》

《百骏图》

《唐宫仕女图》

《汉宫春晓图》

《韩熙载夜宴图》

文渊阁

为《四库全书》建造的楼

　　在东华门内文华殿后，有一栋建筑叫文渊阁，这是清宫的藏书楼，是乾隆皇帝专门为了保存《四库全书》而建造的。

　　文渊阁和紫禁城其他的建筑最大的不同就是有黑色的琉璃瓦顶。在中国的五行中，黑色主水，寓意以水压火。文渊阁上覆黑色琉璃瓦顶，以保证自身的安全。

哈哈，我找到黑色琉璃瓦顶啦！

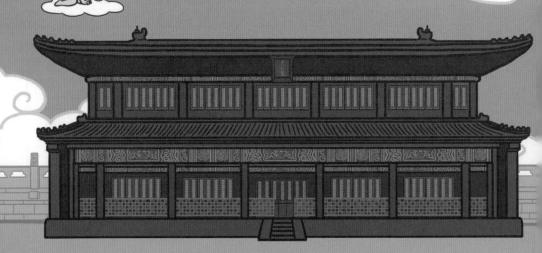

钱小龙课堂

听说《四库全书》是我国古代规模最大的丛书，是不是比我还高啊？

这里的"大"不是指开本大，而是指它包含的内容多，册数多！

《四库全书》是乾隆皇帝在位时，命大学士纪晓岚带队花了近10年时间编修而成的，收录了上自先秦、下到清朝乾隆年间的重要书籍，几乎包含了古代所有的重要著作和科学技术成就。它被装订成3.6万多册，一共200多万页。

《四库全书》
- 经：儒家经典
- 史：历史典籍
- 子：诸子百家
- 集：诗文辞赋

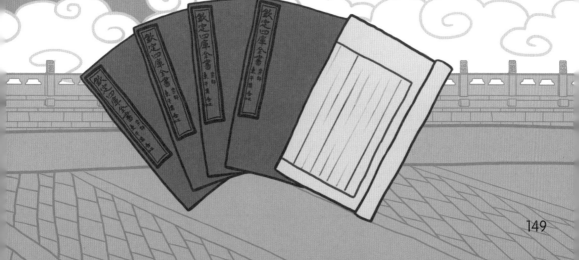

南三所

南三所位于文华殿东北，是一组殿宇的总称，明朝时为东宫太子居所。乾隆年间，这里又兴建3所院落，作为皇子居所。因为位置在宁寿宫以南，所以又称"南三所"，也称"阿哥所"。

文华殿

紫禁城里的大学及书画馆

在紫禁城里，文华殿和武英殿东西相对，遥相呼应。文华殿算是紫禁城里的一所微型大学了，是明朝太子学习的地方，皇帝也会在这里读书上课。每年春秋两季，这里都会举办讲学，皇帝本人还要写听课心得，这就是"经筵（yán）之礼"。

现在的文华殿是故宫的书画馆，有空的话你可以进去看看。

逛到这里，紫禁城里非常重要的"打卡"地你基本都去过了。如果东华门开了，你可以直接从东华门出去；如果没开，你可以原路返回，从神武门出去，然后就可以结束愉快的紫禁城之旅啦！

故宫的特色玩法
雨雪天气进宫的惊喜

你有没有听过一句话：一下雪，北京就变成了北平，故宫就变成了紫禁城！如果你有机会在下雪的时候来故宫，将会收获别样的惊喜！

故宫的雪景真的太梦幻了，可是只有冬天才会下雪啊！

没关系，你也可以在下雨的时候来，雨中和雨后的故宫都各有特色！

太和殿栏杆下的螭首，在雨特别大的时候就会形成"千龙吐水"的奇观。

153

故宫四季赏花观树图

春天

玉兰	迎春花	碧桃	梨花	紫藤	牡丹
御花园，2月	乾清门，2月	左翼门，3月	承乾宫，3月	永和宫，4月	慈宁宫花园，4月

夏天

芍药	凌霄	萱草	睡莲	荷花	石榴花
御花园，5月	御花园，5月	御花园，6月	御花园，6月	建福宫花园，7月	熙和门，7月

故宫一年四季的美都不一样，送你一张"故宫四季赏花观树图"！

哇！这张图可太有用了，以后我一年四季来这里都有观赏目标了！

154

秋天

龙爪槐	紫薇	金桂	长春花	菊花	连理柏
御花园，8月	东华门，8月	天一门，9月	咸福宫，9月	永寿宫，10月	御花园，10月

冬天

雪松	白皮松	圆柏	花楸树	菩提树	柿子树
御花园，11月	御花园，11月	御花园，12月	乾隆花园，12月	英华殿，1月	寿康宫，1月

在钱小龙的带领下，Q宝都快变成一个"故宫小专家"了。他经常自己举办"故宫小课堂"，给小伙伴们分享与故宫相关的知识呢！快来看看Q宝以"故宫"为主题画的思维导图吧！

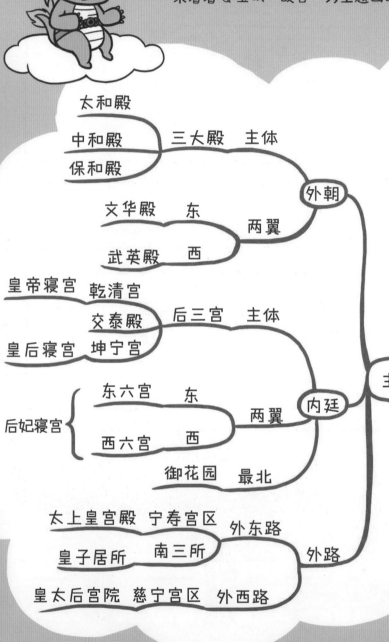

故宫

太和殿
中和殿　三大殿　主体
保和殿
　　　　　　　　　　　外朝
文华殿　东
　　　　两翼
武英殿　西

皇帝寝宫　乾清宫
　　　　交泰殿　后三宫　主体
皇后寝宫　坤宁宫
　　　　　　　　　　　主要构成
东六宫　东
　　　　　　两翼　内廷
后妃寝宫
西六宫　西

御花园　最北

太上皇宫殿　宁寿宫区　外东路
皇子居所　南三所　　　　外路
皇太后宫院　慈宁宫区　外西路

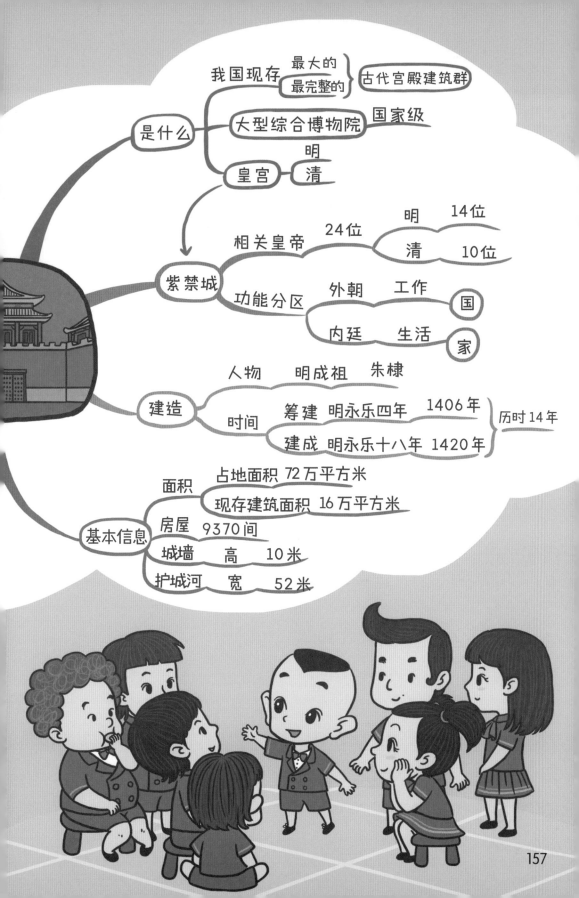

是什么
- 我国现存 最大的 最完整的 古代宫殿建筑群
- 大型综合博物院 国家级
- 皇宫 明 清

紫禁城
- 相关皇帝 24位
  - 明 14位
  - 清 10位
- 功能分区
  - 外朝 工作 国
  - 内廷 生活 家

建造
- 人物 明成祖 朱棣
- 时间
  - 筹建 明永乐四年 1406年
  - 建成 明永乐十八年 1420年
  - 历时14年

基本信息
- 面积
  - 占地面积 72万平方米
  - 现存建筑面积 16万平方米
- 房屋 9370间
- 城墙 高 10米
- 护城河 宽 52米